Lesebuch 7

Erarbeitet von
Silke König, Birgit Mattke,
Jana Mikota, Anka Rahn,
Luzia Scheuringer-Hillus
Unter Beratung von
Kristina Bullert, Freya Rump

VOLK UND WISSEN

Redaktion: Birgit Patzelt
Bildrecherche: Angelika Wagener
Illustration: Uta Bettzieche, Leipzig
Umschlaggestaltung: werkstatt für gebrauchsgrafik, Berlin
Umschlagillustration: Susann Hesselbarth, Leipzig
Typografisches Konzept, Satz und Layout:
Farnschläder & Mahlstedt, Hamburg

www.cornelsen.de

Dieses Werk berücksichtigt die Regeln der reformierten Rechtschreibung und Zeichensetzung. Bei den mit [R] gekennzeichneten Texten haben die Rechteinhaber einer Anpassung widersprochen.

1. Auflage, 5. Druck 2021

Alle Drucke dieser Auflage sind inhaltlich unverändert und können im Unterricht nebeneinander verwendet werden.

Druck: AZ Druck und Datentechnik GmbH, Kempten

ISBN 978-3-06-061731-9

PEFC
PEFC/04-31-2260

PEFC zertifiziert
Dieses Produkt stammt aus nachhaltig bewirtschafteten Wäldern und kontrollierten Quellen.

www.pefc.de

Inhalt

Kapitel 1

Freizeit, Freundschaft, Clique

1 Beschreibe die Situation auf dem Foto. Wie passen die Elfchen dazu?

2 Sprecht darüber, was für euch Freundschaft bedeutet.

Eine Klassenfahrt ist immer etwas Besonderes. Aber wenn die Mädchenclique »Wilde Hühner« mit der Jungengruppe »Pygmäen« verreist, dann wird es richtig spannend. Das Abenteuer beginnt mit einer Zugfahrt …

1 Vergleicht vor dem Lesen eure Erfahrungen mit Klassenfahrten.

2 Tragt zusammen, was ihr von einem Buch erwartet, in dem eine Klasse verreist.

Cornelia Funke

Die Wilden Hühner auf Klassenfahrt

Hier rein!«, rief Sprotte und riss die Abteiltür auf. »Schnell, beeilt euch.«
Sie warf ihre Reisetasche auf einen Sitz, die Jacke auf den nächsten und ließ sich selbst auf den Platz am Fenster plumpsen.

»Mann, hast du es wieder eilig!«, stöhnte Frieda. Mit ihrem vollgepackten Rucksack blieb sie fast in der Abteiltür stecken.

»Wo sind die andern?«, fragte Sprotte.

»Kommen gleich«, antwortete Frieda und bugsierte den Rucksack ins Gepäcknetz.

»Leg deine Jacke auf den leeren Sitz da«, sagte Sprotte.

»Und zieh den Vorhang zu. Dass hier nicht noch andere reinkommen.«

Draußen auf dem Gang schoben sich ein paar Jungs aus ihrer Klasse vorbei. Fred streckte Frieda die Zunge raus, Torte und Steve schielten um die Wette.

»Guck dir die Idioten an.« Frieda kicherte, schnitt ihre scheußlichste Grimasse und schielte zurück. Dann zog sie den Vorhang zu. Die Jungs klopften gegen die Scheibe und drängelten ins Nachbarabteil.

»Also«, Frieda ließ sich wieder auf ihren Sitz fallen. »Die Pygmäen sind nebenan. Bis auf Willi. Aber der kommt wohl noch.«

»Na, das kann ja lustig werden«, sagte Sprotte und legte die langen Beine auf den Sitz gegenüber.

Jemand schob die Abteiltür auf. Melanie, auch die Schöne Melanie genannt, steckte den Kopf durch den Vorhang. »Wie sieht's aus, ist hier noch Platz für zwei Wilde Hühner?«

»Hereinspaziert«, sagte Sprotte. »Ist Trude bei dir?«

»Klar.« Melanie schob eine riesige Reisetasche ins Abteil.

»Morgen«, murmelte Trude verschlafen.

»Meine Güte.« Sprotte half Melanie, ihre Riesentasche ins Gepäcknetz zu hieven. »Was hast du denn alles mitgenommen? Deinen ganzen Schminktisch oder was?«

»Haha!« Melanie setzte sich neben Frieda und strich sich die Locken aus dem Gesicht. »Klamotten natürlich. Am Meer weiß man nie, wie das Wetter wird.«

Sprotte zuckte die Achseln. »Hauptsache, du hast deine Kette dabei.«

»Na, was denkst du denn?« Melanie polierte mit einem Taschentuch ihre Lackschuhe. Um ihren Hals baumelte ein Kettchen mit einer Hühnerfeder. Genau wie bei den drei andern, nur dass deren Federn an Lederbändern hingen.

Die Feder um den Hals war das Bandenzeichen und nur ein echtes Wildes Huhn durfte sie tragen.

»Ich glaub, es geht los«, sagte Trude.

Mit einem Ruck setzte sich der Zug in Bewegung. Langsam fuhr er aus dem dunklen Bahnhof hinaus ins Sonnenlicht.

»Genau das richtige Wetter für unsere Inselreise, was?« Melanie zog eine Tüte Gummibärchen aus der Jacke und hielt sie den andern dreien hin. »Hier, auf eine tolle Klassenfahrt.«

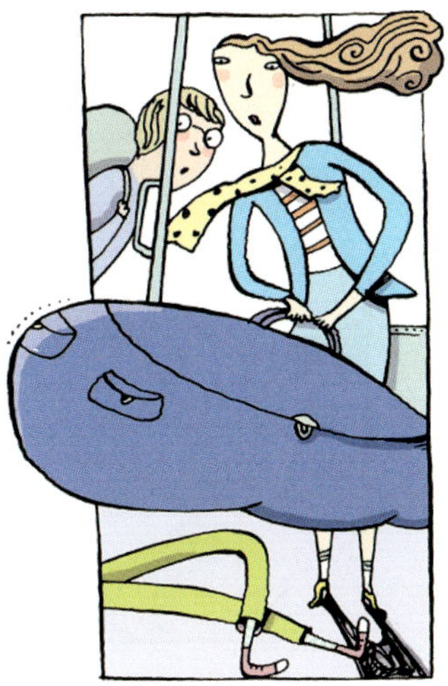

Sprotte und Frieda bedienten sich, aber Trude schüttelte den Kopf. »Nee, danke, ich bin auf Diät.«

»Seit wann das denn?«, fragte Sprotte.

»Seit vorgestern.« Verlegen zupfte Trude an ihrem Pony herum. »Ein Pfund hab ich schon abgenommen. Jedenfalls fast.«

»Auf Diät bei einer Klassenfahrt?« Melanie kicherte. »Keine schlechte Idee. Bei dem Essen, das uns wahrscheinlich erwartet.«

»Stimmt.« Sprotte guckte aus dem Fenster und schrieb mit dem Finger ihren Namen auf die staubige Scheibe. […] »Wisst ihr was, ich bin richtig aufgeregt.«

»Ach ja? Gestern wolltest du uns noch alle überreden krankzuspielen, damit wir zu Hause bleiben können«, sagte Frieda.

»Ja, gestern«, sagte Sprotte. »Gestern ist vorbei.«

Nebenan sangen die Pygmäen Fußballlieder.

»Vollkommen unbegabt«, stellte Melanie fest. »Was meint ihr, sollen wir auch mal was singen?«

Sprotte stöhnte. »O nein! Verschon uns bitte.«

»Melanie hat eine gute Stimme«, sagte Trude. »Sie singt sogar im Chor. Erster Sopran.« Trude war Melanies größter Fan. Sie himmelte sie an. Vierundzwanzig Stunden am Tag.

»Na, wunderbar!« Spöttisch verzog Sprotte das Gesicht. »Aber wenn sie hier singt, spring ich aus dem Fenster.«

Melanie machte gerade den Mund auf, um darauf etwas nicht sehr Freundliches zu erwidern, als es an der Abteiltür klopfte.

»Der Schaffner«, wisperte Trude. »Mein Gott, wo hab ich denn bloß meine Fahrkarte?«

3 Wer gehört zu den »Wilden Hühnern« und was erfährst du über die vier Mädchen? Erstelle zu jedem Cliquenmitglied einen Steckbrief.

Aber es war nur Torte, das kleinste und lauteste Bandenmitglied der Pygmäen.

»Hallo, ihr Federviecher!«, rief er. »Hier ist eine Nachricht für euch.« Dann warf er Frieda einen zusammengerollten Zettel in den Schoß, machte einen Knicks und knallte die Tür wieder zu.

»Oh!« Melanie verdrehte die Augen. »Ich wette, das ist eine Liebesnachricht. Torte hat schon lange ein Auge auf Frieda geworfen.«

»Quatsch!«, murmelte Frieda, aber krebsrot wurde sie trotzdem.

[…]

Widerstrebend rollte Frieda den Zettel auseinander. Die übrigen Hühner beugten sich neugierig vor.

»Kein Liebesbrief«, stellte Sprotte fest. »Das ist Freds Klaue.«

Fred war der Chef der Pygmäen.

»›Warnung an die Wilden Hüner‹«, las Frieda vor. »O Mann, nicht mal ›Hühner‹ schreibt der richtig. Warum nennen die sich nicht einfach ›die Analphabeten‹?«

»Was denn für ’ne Warnung?«, fragte Trude. Beunruhigt rückte sie ihre Brille zurecht.

»Moment«, Frieda strich den Zettel glatt, »das ist gar nicht so leicht zu entziffern. ›Hiermit verkünden wir, die berüchtichten Pygmäen, das der Friedensvertrak mit den jämmerlichen Wilden Hünern an fremden Orten nicht gültig ist. Also nehmt euch in Acht, Hüner. Unterschrift: die Pygmäen.‹«

Frieda hob den Kopf. »O nein, jetzt geht das wieder los.«

»Hab ich’s mir doch gedacht!«, rief Sprotte. Sie klatschte in die Hände. »Wunderbar, das werden sie bereuen.«

4 Beschreibe das Verhältnis zwischen den Mädchen und den Jungen. Wie bewertest du es?

5 Schreibt einen Antwortbrief der »Wilden Hühner« an die »Pygmäen«.

6 Lies das Buch »Die Wilden Hühner auf Klassenfahrt« oder sieh dir die Verfilmung an. Wähle daraus ein besonders lustiges oder spannendes Erlebnis aus und stelle es deiner Klasse vor.

Der Schriftsteller Zoran Drvenkar über sich selbst

In der Schule war ich eine Niete, die in der 7. und 10. Klasse sitzen geblieben ist und dann auch noch das Abitur vermasselte. Ich hatte nur Bücher, Filme und Musik im Kopf. Mit dreizehn schrieb ich die ersten Gedichte und fühlte mich dabei prächtig, was immer ein guter Anfang für eine Karriere als Schriftsteller ist.

Zoran Drvenkar

Den Gedichten folgten Kurzgeschichten, die alles kopierten, was ich bis dahin gelesen hatte. Ein Autor ist in seinen ersten Schritten jemand, der kopiert und nachahmt. Mit siebzehn entstand der erste Roman, eine trashige Fantasygeschichte, die noch immer bei mir zu Hause herumliegt und wirklich sehr, sehr schlecht ist. [...]

Ich hatte nie vor, über meine Kindheit zu schreiben, ich konnte mich nicht einmal richtig an sie erinnern. Als ich dann eine Erzählung anfing und über einen Urlaub in Serbien schrieb, gingen plötzlich Türen in meinem Kopf auf und die Vergangenheit rauschte aufs Papier herab und ließ zwei Bücher über meine Kindheit entstehen. [...]

Der Zoran in meinen Erinnerungen ist nicht der Zoran, der diese Erinnerungen aufschreibt. Ich blicke zurück und sitze im Kopf dieses Jungen und lebe seine Gedanken. Deswegen fällt es leichter, die schmerzenden und peinlichen Erlebnisse zu erzählen, denn ich bin mit Abschließen des Buches frei von diesem jungen Zoran. Wir sind noch immer gute Freunde, ich betrachte gerne seine Geschichten und er freut sich, dass ich immer wieder über ihn erzähle.

1. Wie beurteilt Zoran Drvenkar seine ersten Schreibversuche?

2. Beschreibe mit eigenen Worten, wie der Autor Zoran Drvenkar über den jungen Zoran in seinen Geschichten denkt.

3. Lies auf den nächsten Seiten den Auszug aus Zoran Drvenkars Buch »Niemand so stark wie wir«.

Das Buch spielt in Berlin-Charlottenburg. Der Ich-Erzähler Zoran und seine Freunde verbringen ihre Freizeit gemeinsam auf einem Platz in der Nähe der Stadtautobahn, wo sie Comic-Hefte lesen und Fußball spielen.

Zoran Drvenkar

Niemand so stark wie wir

Sein Name war Sebastian Tomalla, und er war anders als wir. Er war anders als alle, die wir kannten, und er kam ausgerechnet an einem Mittwoch in unser Leben reingeschneit. Wäre es ein anderer Tag gewesen, ich glaube, die Nachricht wäre einfach untergegangen. Aber weil der Mittwoch zu den wohl langweiligsten Tagen der Woche zählte, war uns jede Neuigkeit willkommen.

»Du, da ist einer bei uns eingezogen«, sagte Karim. »Im Erdgeschoss.«

»Der ist komisch«, fügte er nach ein paar Minuten hinzu.

Wir hockten in der gemütlichsten Höhle des Platzes. Es war direkt nach der Schule, überall tote Hose, also lasen wir Fix & Foxi-Comics und warteten, dass die Sonne nicht mehr so hart auf den Platz knallte. Wir wussten, das war gefährlich, konnte einem ohne Probleme einen Sonnenstich verpassen.

»Wer ist komisch?«, fragte ich.

»Na, der im Erdgeschoss. Er hat so einen Blick, du, den ich gar nicht verstehe. Unheimlich. Und er spricht nicht, nicht so richtig, du.«

»Isser stumm?«

Karim zuckte mit den Schultern.

»Ich bin nur kurz vorbeigegangen. Meine Mama meinte, ich sollte da mal ›Hallo‹ sagen. Ein Mädchen hat mir die Tür aufgemacht. Du, die war schön, so eine mit langen Haaren und Rock, weißt du?«

»Ui.«

»Mhm, habe ich also Hallo gesagt und wollte wieder abhauen, da fragte sie, ob ich nicht reinkommen will.« [...]

Eli stieß kurz darauf zu uns, und nachdem Karim alles noch mal wiederholt hatte, wollte Eli unbedingt sehen, wer der Irre nun war. Also trotteten wir in die Philippistraße zur Nummer 10 und klingelten im Erdgeschoss bei Tomalla.

Eine Frau machte auf.

Wir wurden ganz rot im Gesicht, besonders ich, denn ich hatte die Schwester von dem Irren erwartet, und als die Mutter öffnete, wusste ich nicht mehr, was genau ich hier eigentlich tat.

»Guten Tag«, sagte Karim. »Ich war schon mal da. Meine Freunde wollten auch mal Hallo sagen.«

»Wohnt ihr alle hier im Haus?«, fragte Frau Tomalla.

»Nee«, sagte Eli, »wir sind aus der Umgebung.«

»Dann kommt doch rein. Ihr wollt sicher zu Sebastian?«

Karim war der Schnellste: »Genau.«

Sie führte uns zu seinem Zimmer. »Er liest gerade, geht ruhig rein.«

Wir traten durch die Tür und blieben stehen, als ob sich vor uns ein Abhang befinden würde. Sebastian saß im Schneidersitz auf dem Boden. Unter seinem Hintern befand sich ein dickes, rotes Kissen. Er hatte ein Buch auf seinem Schoß, der Rücken war gerade, die Schultern nach hinten gezogen. Ein dünnes Stäbchen brannte über einer Schale, der Rauch war würzig und kringelte sich in die Luft, bevor ihn die Sonnenstrahlen zerfledderten.

»Echm … Hallo!«, sagte Karim.

Sebastian sah uns an, das Buch weiterhin in den Händen und der Blick eine fragende Mischung aus Was-wollt-ihr-denn-hier und Was-tue-ich-denn-hier.

»Du, das sind meine Freunde.«

Sebastian kam auf die Beine, streckte seine Hand aus und sagte: »Sprudel.«

Es war unglaublich. Wir konnten darauf einfach nichts erwidern. Unsere Hände waren schlaff wie frische Eierkuchen.

Sebastians Mutter erschien mit einem Tablett, auf dem ein Teller voller Kekse und vier Limonadengläser standen.

»Setzt euch doch«, sagte sie, »Sebastian, mach bitte das Fenster ein Stück auf, es ist ein wenig stickig hier.«

Sebastian machte das Fenster ein Stück auf, und als wir dann alle auf dem Boden saßen, geschah das Verrückteste, was mir in den wenigen Jahren meines Lebens bisher untergekommen war. Sebastians Mutter setzte sich zu uns.

»Ich muss euch einiges erklären«, sagte sie.

Wir starrten sie an. Karims offener Mund erreichte eine Rekordweite. Ich hätte ihm locker meinen Fuß reinstecken können.

»Sebastian hat einige Probleme, und eines davon ist, er will nicht sprechen. Ab und zu sagt er ein Wort, den Rest der Zeit schweigt er.«

»Warum?«, fragte ich.

Sie sah Sebastian an, der sah seine Hände an, dann fuhr sie ihm zärtlich durchs Haar und er zuckte nicht zurück.

»Ich weiß es nicht«, sagte Frau Tomalla.

Das klang so traurig, dass ich schlucken musste. Neben mir bewegte sich Eli unruhig. Karim bekam noch immer nicht den Mund zu, jetzt hätte mein Kopf reingepasst.

»Darum seid bitte nicht gemein zu ihm«, wandte sie sich an uns.

»Wie macht er das denn in der Schule?«, fragte ich plötzlich. Für mich schien das die Lösung aller Probleme: keine Antworten, keine Schule. Wenn ich das erfolgreich durchzog, war ich aus dem Schneider und musste nie mehr hin.

»Er geht auf eine besondere Schule. Es ist eine Schule für Sprachbehinderte. Sie können ihm aber nicht viel helfen. Die Ärzte sagen, es liegt ganz allein an ihm, ob er spricht oder nicht. Seine Stimmbänder sind in Ordnung, alles funktioniert.«

»Hat er denn früher gesprochen?«, wollte Eli wissen.

»Er hat, aber das ist lange her.«

Und da geschah es, dass wir alle drei gleichzeitig von Frau Tomalla zu Sebastian blickten. Er hatte die Augen noch immer auf seinen Händen. Eines war sicher, taub war er nicht.

»Gut, ich lass euch jetzt mal allein. Lernt euch besser kennen. Und wenn ihr mehr Limonade wollt, dann sagt mir einfach Bescheid.«

Als sie aufstand, erwartete ich, dass sie auch uns durch die Haare fahren würde. Sie tat es nicht, sondern schloss die Tür leise hinter sich und ließ uns allein.

Wir sahen Sebastian an, der noch immer seine Hände ansah.

Lernt euch besser kennen.

Gute Idee, nur wie?

Sebastian blickte auf.

Wir schwiegen zu viert.

1 Schreibt auf, wer zu der Clique gehört. Was erfahrt ihr über die Jungen?

2 Sebastian stellt sich selbst mit dem Namen »Sprudel« vor. Stelle Vermutungen an, wie er wohl zu dem Spitznamen gekommen ist.

3 Tragt zusammen, auf welche Schwierigkeiten Sprudel im Leben treffen könnte.

Adrian, der älter ist und in der Jungenclique das Sagen hat, ist nicht begeistert darüber, dass Sebastian neues Gruppenmitglied ist. Beim Fußballspiel kommt es zum Streit.

»Das war 'n Elfer«, sagte Adrian und stand auf.

»Okay«, sagte Eli.

»Das war 'n Elfer«, sagte Adrian erneut, diesmal lauter und sah sich um.

Niemand nickte, niemand widersprach.

»Was ist los mit euch, habt ihr euch in die Hosen geschissen oder was? Ich bin okay, werd zwar ein wenig humpeln, das ist aber alles, macht euch keine Gedanken. Aber erst der Elfer, den versenk ich persönlich, dann sehen wir weiter.«

Er nahm sich den Ball und ging zur Torlinie. Er humpelte dabei nicht.

»Hi«, sagte Adrian und lächelte Sprudel zu.

Ich setzte mich neben Eli auf einen der Felsen. Was brachte es, sollte der Arsch doch seinen Elfer haben, wenn er damit glücklich wurde.

Eli blickte mich ratlos an, ich hob nur die Schultern. Später wollte ich ihm erklären, dass jeder wusste, dass Adrian nur eine Show abgezogen hatte. Später.

»Acht, neun, zehn, elf …«

Der Ball wurde postiert, dann entfernte sich Adrian von ihm, um Anlauf zu nehmen.

»Wo willst du ihn hinhaben?«, rief er Sprudel zu.

Sprudel sparte sich eine Antwort und ging leicht in die Knie. Er war zwar kein guter Torwart, aber dumm war er nicht. Mit etwas Glück würde er den Ball aus der Luft fischen, und die Sache wäre gegessen. Klüger wäre es natürlich gewesen, den Ball durchzulassen, damit Adrian sich freuen konnte. Wenn er sich freute, verschwand der Dampf aus seinem Kopf, und er war wieder der beste Freund, den wir hatten.

Adrian kam angeprescht.

Ich blinzelte einmal kurz, dann kam der Schuss und landete genau in Sprudels Gesicht.

Der Treffer warf ihn einen Meter ins Tor hinein, sodass sein Hinterkopf knapp einen der Felsen verfehlte. Ein dumpfer Aufprall erklang, und Sprudel lag auf dem Rücken, direkt vor unseren Füßen. Es staubte um ihn herum, und im nächsten Moment lief ein dicker Faden Blut aus seiner Nase.

Sprudel lag still.

In den wenigen Sekunden, in denen das passierte, war ihm die Schirmmütze von seinem Kopf geflogen und auf der Latte gelandet. Dort hockte sie abwartend wie ein aufgeschreckter Vogel. Auch Sprudels Brille war nicht mehr an ihrem Platz. Sie lag zwischen seinen gespreizten Beinen und funkelte in der Sonne.

Wir rührten uns nicht. Wir saßen nur da und glaubten nicht, was Adrian getan hatte. Jedem war klar, dass das kein Unfall gewesen war. So etwas konnte passieren, aber nicht an einem solchen Tag mit einem solchen Typen wie Adrian.

Rutsche kam als Erster wieder in Bewegung und flitzte an Sprudels Seite. Er hob vorsichtig seinen Kopf an und tastete ihm über die Brust, um nach dem Herzen zu suchen. Endlich wurde es auch für uns leichter, aus der Erstarrung zu kommen. Wir scharten uns um den armen Kerl. Eli schnappte sich eine Flasche und rannte die Böschung hinauf, um von zu Hause Wasser zu holen; Karim rollte seine Trainingsjacke zusammen und schob sie Sprudel unter den Kopf, während ich mit einem Pappdeckel Luft fächelte.

Ich weiß nicht mehr, was die anderen Jungs taten, ich hörte nur ihre aufgeregten Stimmen, ihre Ratlosigkeit und ihre Fragen, was wir jetzt nur tun sollten.

Ein Rinnsal Blut kroch Sprudel beständig aus der Nase. Was konnte ihn aufhalten? Beine hoch? Eis auf den Nacken? Warum wurde er nicht wach und öffnete seine Augen?

Eli kam mit dem Wasser und kippte nach kurzem Zögern die ganze Flasche über Sprudels Gesicht. Das half ein wenig. Sprudel begann sich zu rühren und blinzelte.

»Noch auf der Erde?«, fragte ich leise.

Er nickte.

Die Jungs atmeten laut auf, ein regelrechtes Zischen der Erleichterung schwebte über unseren Köpfen. Für Sekunden hatten wir ernsthaft gedacht, es wäre vorbei mit Sprudel. Entspannung machte sich breit, dann kam der Schatten. Ich scherze nicht, er kam wirklich.

Wir hatten so gestanden und gehockt, dass die Sonne auf Sprudel fiel, weil wir sehen wollten, wo er getroffen worden war.

Der Schatten überdeckte alles.

Wir wandten uns um, sahen gleichzeitig auf.

Da war er, den Ball unter den Arm geklemmt, ein Grinsen auf den Lippen.

»Na, lebt er noch?«

»Kannst froh sein, dass er das noch tut«, antwortete Christian.

»Du, das war nicht fair, das weißt du doch, oder?«, fügte Karim leise hinzu.

Adrian spuckte aus.

»Das ist die falsche Frage«, sagte er.

Niemand wollte wissen, was die richtige Frage war, dennoch gab Adrian sie uns.

»Die richtige Frage ist: War das nun ein Tor oder nicht?«

4 Halte die Abfolge der Ereignisse schriftlich fest.

5 Beurteilt Adrians Verhalten und überlegt, wie ihn die anderen Jungen nach dem Vorfall behandeln könnten.

6 Veranstaltet eine Lesung aus »Niemand so stark wie wir«. Stellt dabei einzelne Geschichten aus dem Buch vor.

Der Erzähler einer Geschichte

Der Autor einer Geschichte denkt sich einen Erzähler aus, der die Handlung aus einer bestimmten Perspektive (Sicht) erzählt.
Das erzählte Geschehen kann unterschiedlich vermittelt werden:

Der Ich-Erzähler schreibt in der Ich-Form, verwendet also die Pronomen »ich«, »mein« usw., wenn sie / er erzählt, was sie / er selbst erlebt hat. Deshalb spielt der Ich-Erzähler im erzählten Geschehen meist eine große Rolle.

Beispiel aus »Niemand so stark wie wir« (S. 15):

»Ich weiß es nicht«, sagte Frau Tomalla.

Das klang so traurig, dass ich schlucken musste. Neben mir bewegte sich Eli unruhig. Karim bekam noch immer nicht den Mund zu, jetzt hätte mein Kopf reingepasst.

»Darum seid bitte nicht gemein zu ihm«, wandte sie sich an uns.

»Wie macht er das denn in der Schule?«, fragte ich plötzlich. Für mich schien das die Lösung aller Probleme: keine Antworten, keine Schule.

Die Sie-Erzählerin / Der Er-Erzähler erzählt in der Sie- / Er-Form, das heißt, für alle Figuren werden ihre Namen oder die Pronomen *er, sie, seinen, ihren* usw. verwendet. Der Erzähler spielt in dem erzählten Geschehen keine Rolle.

Beispiel aus »Die Wilden Hühner auf Klassenfahrt« (S. 10):

Sprotte guckte aus dem Fenster und schrieb mit dem Finger ihren Namen auf die staubige Scheibe. »Wisst ihr was, ich bin richtig aufgeregt.«

»Ach ja? Gestern wolltest du uns noch alle überreden krankzuspielen, damit wir zu Hause bleiben können«, sagte Frieda.

»Ja, gestern«, sagte Sprotte. »Gestern ist vorbei.«

Nebenan sangen die Pygmäen Fußballlieder.

1 Vergleiche die beiden Erzählformen. Was erfährst du jeweils über den Erzähler?

2 In der direkten Rede werden in beiden Erzählformen die Pronomen ich, mein usw. verwendet. Erkläre, warum das so ist.

Innere und äußere Handlung

Der Erzähler stellt die Figuren einer Geschichte in unterschiedlichen Situationen vor. Das hilft den Lesern, sich von ihnen ein Bild zu machen und ihre Verhaltensweisen zu verstehen. Dabei unterscheidet man die Darstellung der Außen- und der Innenwelt. Das sichtbare Geschehen ist die äußere Handlung. Hier wird erzählt, wie Figuren handeln und sprechen.
Die innere Handlung dagegen umfasst die Gedanken und Gefühle der Figuren.

Beispiel aus »Niemand so stark wie wir« (S. 18):

Wir scharten uns um den armen Kerl. Eli schnappte sich eine Flasche und rannte die Böschung hinauf, um von zu Hause Wasser zu holen; Karim rollte seine Trainingsjacke zusammen und schob sie Sprudel unter den Kopf, während ich mit einem Pappdeckel Luft fächelte.

Ich weiß nicht mehr, was die anderen Jungs taten, ich hörte nur ihre aufgeregten Stimmen, ihre Ratlosigkeit und ihre Fragen, was wir jetzt nur tun sollten.

Ein Rinnsal Blut kroch Sprudel beständig aus der Nase. Was konnte ihn aufhalten? Beine hoch? Eis auf den Nacken? Warum wurde er nicht wach und öffnete seine Augen?

Eli kam mit dem Wasser und kippte nach kurzem Zögern die ganze Flasche über Sprudels Gesicht. Das half ein wenig. Sprudel begann sich zu rühren und blinzelte.

»Noch auf der Erde?«, fragte ich leise.

Er nickte.

1. Suche für die äußere und die innere Handlung je ein weiteres Beispiel im Text.

2. Überlegt, warum die äußere und die innere Handlung uns helfen, eine Figur kennen zu lernen.

Daniel, sein jüngerer Bruder Lukas und ihre Freundin Anna leben auf einem Schlossgut abseits vom Dorf. Gemeinsam verbringen sie ihre Freizeit. Einmal wollen sie im Wassergraben Rotfedern fangen. Doch das hat Folgen.

1 Bestimmt, wer sich beim Lesen auf welche der drei Figuren konzentriert.

Jutta Richter

Hechtsommer

Das Rotfedernfangen war aber dann doch nicht so einfach gewesen, wie ich geglaubt hatte. Die Sache mit dem Eimer klappte nicht. Wir hatten den Eimer an Giselas grüne Wäscheleine gebunden und ihn knapp unter die Wasseroberfläche gesenkt, dann warfen wir Brotstückchen ins Wasser. Wenn das Wasser brodelte, weil die Rotfedern gierig nach dem Brot schnappten, zogen wir den Eimer hoch. Aber wir waren jedes Mal zu langsam. Die Rotfedern spritzten auseinander und der Eimer blieb leer.

»Das ist doch Angeln für Arme«, maulte Daniel.

»In hundert Jahren fängst du so keine Rotfeder! So was können sich doch nur Weiber ausdenken!« [...]

»Hast du etwa eine bessere Idee?«

»Hab ich!«, sagte Daniel. Er wühlte in seiner Hosentasche und legte eine Rolle Nylonschnur auf die Mauer. Aus der anderen Tasche zog er einen kleinen Angelhaken mit einer scharfen Spitze.

Er fing an, die durchsichtige Schnur in die Öse des Hakens zu fädeln, dann wickelte er das Ende fünfmal um die Schnur und zog den Faden fest.

»Woher hast du den Haken?«, fragte ich.

»Getauscht!«, antwortete Daniel und klebte ein Weißbrotkügelchen um den Haken.

»Aber das ist Angeln und das dürfen wir nicht!«, sagte Lukas.

Daniel ließ die Schnur ins Wasser gleiten.

»Und wenn uns einer erwischt?«, fragte Lukas.

Ich legte den Arm um ihn und wir guckten ins Wasser. Die kleinsten Rotfedern schwammen sofort näher und fingen an, am Brot zu knabbern. Plötzlich schoss eine große dazwischen und schluckte gierig den ganzen Klumpen. Daniel gab etwas Leine, bevor er mit einem scharfen Ruck anzog. Die Schnur spannte sich und wir sahen, wie die Rotfeder versuchte abzutauchen. Sie schlug mit dem Schwanz, sie zog und zerrte, aber sie saß am Haken fest.

Ein Fisch an der Leine, dachte ich. Wie 'n Hund. [...]

Und Daniel zog. Die Rotfeder zappelte wie wild, krümmte sich und schlug mit dem Schwanz. Lukas packte sie, aber sie flutschte ihm durch die Finger und hing dann in der Luft, bis er wieder zupackte und diesmal festhielt.

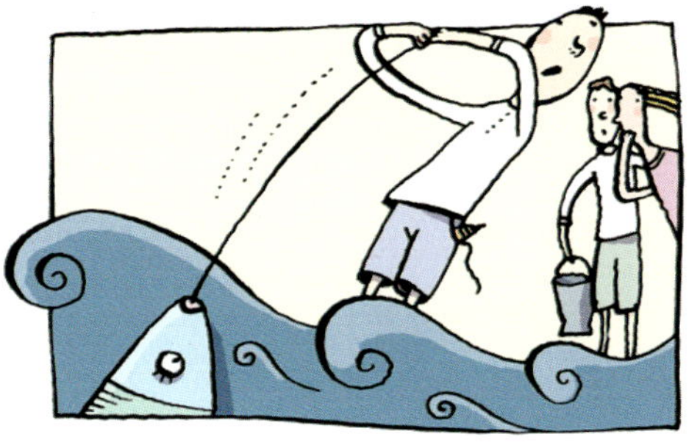

»Und jetzt?«, fragte ich.

»Jetzt muss man den Haken lösen«, sagte Daniel.

»Dann tu das, aber mach schnell!«

»Ich pack die nicht an«, sagte Daniel.

»Feigling!«

Lukas sperrte mit Daumen und Zeigefinger das Fischmaul auf. Der Haken hatte sich vorn festgebohrt. Lukas fasste den Haken an und schob ihn ein wenig tiefer. Wir hörten ein leises Knacken, als er sich löste. Die Rotfeder zappelte nicht mehr. Sie sah ziemlich tot aus.

»Die ist hin«, sagte ich. »Wirf sie wieder rein!«

Eine Sekunde lang lag die Rotfeder reglos im Wasser, dann schlug sie plötzlich mit dem Schwanz und tauchte ab ins Schwarze.

Lukas' Hand war ganz schleimig und roch nach Fisch. Er wischte sie an seiner Hose ab.

»Wenn die Stress kriegen, schleimen die immer«, sagte Daniel.

Das ist der Angstschweiß der Fische, dachte ich. [...] Wenn sie sich glitschig machen, rutschen sie sogar dem Fischreiher aus dem Schnabel. Aber irgendwie war es auch eklig und eigentlich hatte ich keine große Lust weiterzuangeln.

»Wir sollten was anderes machen«, schlug ich vor. »Wie wär's mit Pfeilwerfen?«

»Du spinnst ja wohl«, sagte Lukas. »Jetzt haben wir endlich den Bogen raus mit dem Angeln und du hast keine Lust mehr.«

»Aber ich find das nicht gut«, sagte ich. »Der Haken tut dem Fisch bestimmt weh. Eigentlich ist das Tierquälerei!«

»Quatsch«, sagte Daniel. »Du hast doch gesehen, wie lebendig der war. Der weiß doch schon gar nicht mehr, dass er angebissen hat. Fische haben kein Gedächtnis.«

Und keine Stimme, dachte ich. Fische können nicht mal schreien.

Daniel versuchte, die Nylonschnur wieder aufzuwickeln. Aber das ging nicht, weil sie sich verheddert hatte. Er fluchte leise. Dann nahm er sein Opinelmesser[1] und schnitt das verhedderte Stück einfach raus.

1 Klappmesser mit Holzgriff

2 Bestimme, wer die Geschichte erzählt.

3 Erzählt den Ablauf der Ereignisse aus der Sicht eurer Figur nach.

4 Erläutere, wie die Ich-Erzählerin Anna das Angeln bewertet.
Stelle deine Meinung zum Angeln dar.

Zwar hat die Rotfeder überlebt, dennoch hat das Angeln Schaden angerichtet.

Solange ich denken kann, lebte das Pfauenpärchen im Schlosshof. Den Hahn nannten wir Paulchen, und wenn ich im Winter das Fenster öffnete, konnte ich ihn sogar vom Dach rufen. Dann stieß er sich ab und flog schwerfällig über den Wassergraben, weil er wusste, dass ich Maiskörner streuen würde. Die Henne war scheu und kam immer etwas später. Sie fraß uns auch nicht aus der Hand. [...]

Lukas hatte es zuerst gesehen. Er wartete vor der Tür auf mich, als ich aus der Schule kam.

»Die Henne ist krank«, sagte er. »Die Henne humpelt und hat einen ganz schwarzen Fuß. Komm mit, du musst dir das angucken!«

Wir liefen zur Südwiese, wo die Pfauen tagsüber nach Würmern suchten. Ich hatte eine Hand voll Maiskörner mitgenommen. Und wir riefen Paulchen und Paulchen kam und hinter ihm zögernd und misstrauisch die Pfauenhenne. Als sie nah genug war, sah ich, was geschehen war:

Die dünne durchsichtige Angelschnur hatte sich fest um ihr Bein gewickelt. Der Fuß war schwarz angelaufen und die Zehen hingen schlaff und leblos herab. Sie hatte das kranke Bein angezogen und hüpfte auf dem andern Fuß.

Lukas hielt meine Hand ganz fest.

»Das ist unsere Angelschnur«, flüsterte er. »Wir müssen was machen!«

Drei Nachmittage lang hatten wir versucht, die Henne zu fangen. Mit Netzen und Decken und Brotstückchen und Maiskörnern. Aber die Henne war schneller als wir gewesen. Sie flatterte immer wieder laut schreiend über den Wassergraben. Und am dritten Nachmittag erwischte uns der Verwalter.

Er stand plötzlich vor uns wie aus dem Boden gewachsen. Mit seinen schweren Jagdstiefeln und der grünen Kniebundhose, die Hände in die Hüften gestemmt, blickte er zornfischäugig auf uns herab und brüllte dann los. [...] Wie wir es wagen könnten, die Pfauen des Grafen zu jagen!

Er hatte gar nicht gemerkt, dass die Henne ein krankes Bein hatte. Und wir trauten uns nicht, es ihm zu sagen, weil dann das mit dem Angeln rausgekommen wäre und weil wir Angst vor ihm hatten.

Als er weg war, schmiss Daniel sich auf die Wiese und weinte. Ich hatte ihn noch nie so weinen sehen. Seine Schultern zuckten und er schluchzte laut ins Gras.

»Das ist meine Angelschnur! Ich bin schuld! Ich bin schuld, wenn sie stirbt!«

»Aber nein«, sagte ich. »Das war ein Unfall! Du kannst nichts dafür!«

5 Vergleicht gemeinsam die Eigenschaften und das Verhalten eurer beim Lesen beobachteten Figur.

6 Überlege, was die drei Freunde tun können, um die Pfauenhenne zu retten. Schreibe die Geschichte aus der Sicht einer der Figuren weiter. Verwende die Ich-Form.

Fachübergreifendes

Wie wichtig sind dir Freundinnen und Freunde?

Eine Umfrage in einer 7. Klasse ergab im Jahr 2010 folgende Ergebnisse:

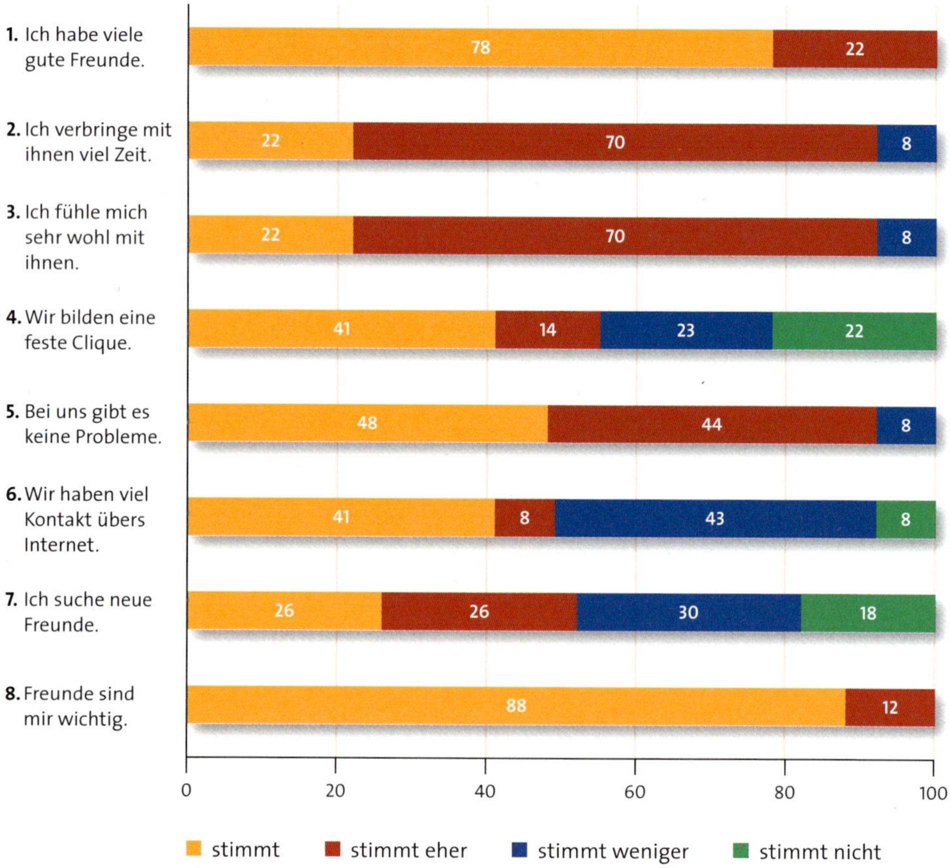

1 Suche aus den Umfragewerten heraus, welchen Aussagen die Schülerinnen und Schüler am stärksten zustimmen und welchen am wenigsten.

2 Führt die Umfrage in eurer Klasse durch. Errechnet dann die Prozentwerte und stellt sie in einem Diagramm dar.

Maya fühlt sich in ihrer Mädchenclique eigentlich ganz gut aufgehoben. Doch dann passiert etwas, was ihre Beziehung zu den Freundinnen auf die Probe stellt.

1 Tauscht euch aus, welche Erwartungen der Buchtitel bei euch auslöst.

Amy Goldman Koss

Vorsicht, Freundinnen!

Als ich letzten Samstag, total verschlafen, im Direktanflug auf mein Müsli in die Küche wankte, dachte ich, es wäre ein Samstagmorgen wie jeder andere. Doch in dem Moment, als ich durch die Tür kam, krähte Lena, meine kleine Schwester: [...] »Papa fährt mit uns zum Magic Mountain. [...] Und wir dürfen jeder eine Freundin mitnehmen.«

»Wirklich?« Ich wachte schlagartig auf. »Echt?«

Papa grinste; unfasslich, wie breit er grinsen konnte. »Aber erst nach dem Frühstück«, meinte er.

»JUCHHU!«, kreischte ich. Und weil meine Schwester vor Begeisterung kreuz und quer durch die Küche hüpfte, hüpfte ich mit. [...]

Ich rief als Erste Candace an, weil jede aus meiner Clique immer als Erste Candace anrief. Das war einfach so. Aber bei Candace war besetzt, deshalb wählte ich Renées Nummer.

»Hallo, Renée, hier ist Maya. Hast du Lust, mit zum Magic Mountain zu kommen? Mein Vater macht einen Ausflug mit uns.«

Ich war mir sicher gewesen, dass Renée nun entweder in Entzückensschreie ausbrechen oder enttäuscht aufstöhnen würde, aber am anderen Ende der Leitung herrschte Schweigen. So seltsam war das zwar auch wieder nicht, denn Renée denkt und spricht grundsätzlich extrem langsam. Trotzdem – ich hatte schon geglaubt, dass sie auf das Angebot, einen Ausflug zu einem Vergnügungspark mit jeder Menge Achterbahnen und sonstiger Attraktionen zu unternehmen, ein wenig schneller reagieren würde, als es sonst ihre Art war.

Nach einer langen Pause antwortete Renée: »Ah, Maya, ich ... mmmh ... ich kann nicht.«

Weil ich wusste, dass ihre Eltern sich gerade scheiden ließen und sie dauernd zwischen zwei Wohnungen hin und her fuhr, dachte ich, sie könnte deshalb nicht mitkommen. [...]

»Schon okay.« Sie tat mir mehr leid als ich mir selbst.

Ich legte auf, wählte Candaces Nummer ein zweites Mal: immer noch besetzt. [...]

Deshalb rief ich bei Brianna an; ihre Mutter nahm ab und meinte, Bree sei nicht zu Hause. Ich wusste, dass Brianna es nicht ausstehen konnte, wenn ihre Mutter sie Bree nannte, verkniff mir aber einen Kommentar. »Sie ist unterwegs zu Darcy«, sagte Mrs Cohen. »Du gehst doch sicher auch hin.«

»Zu Darcy?«

Briannas Mutter meinte bloß »Oh« und legte anschließend ziemlich schnell auf.

Unten in meinem Bauch, wo bisher aufgeregte Vorfreude geblubbert hatte, entstand langsam ein neues, seltsames Gefühl, wie ein dünner grauer Rauchfaden. Ich nahm das Telefon mit in mein Zimmer, schloss die Tür und tippte zum dritten Mal Candaces Nummer ein. Diesmal hob sie ab.

»Candace?« Plötzlich fühlte ich mich unsicher. »Hier ist Maya. Ich wollte fragen, ob du Lust hast, heute mit uns zum Magic Mountain zu fahren.«

»*Heuuu-te?*«, fragte Candace zurück. Der Rauchfaden in meinem Bauch wuchs sich zu einer schweren grauen Wolke aus. »Nein, Maya«, fuhr sie fort. »*Heute* fahre *ich* garantiert *nicht* zum Magic Mountain.« Ein unterdrücktes Lachen, Candace sagte abrupt: »Ich muss los!« Und legte auf – Bam. Das Bam fühlte sich an wie eine Tür, die vor meiner Nase zugeschlagen wurde.

Ich traute mich nicht, Darcy anzurufen. Unter Garantie waren alle anderen bei ihr – ohne mich. Vielleicht hatte Darcy ja nur vergessen, mich einzuladen. [...] Die graue Wolke rutschte hoch, immer höher, in meine Brust, in meine Kehle, würgte mich.

Aber – vielleicht war es Zufall, dass keine von ihnen Zeit hatte? Vielleicht hatte Briannas Mutter bloß deshalb angenommen, ich würde auch zu Darcy gehen, weil wir alle ständig zusammengluckten? So war 's doch, oder? Nein, so war 's nicht.

2 Vergleicht eure Erwartungen mit dem Anfang der Geschichte.

3 Achte beim Weiterlesen darauf, ob es Gründe für Mayas Ausgrenzung gibt.

Was hatte ich falsch gemacht?

Waren die anderen schon vor heute komisch zu mir gewesen? Vielleicht gestern, in der Schule? Hatte sich da irgendeine von ihnen irgendwie seltsam benommen? Ich überlegte angestrengt, aber alles, was mir einfiel, war, dass Candace nach einem einzigen Blick auf meinen neuen grauen Pulli gesagt hatte: »Welcher Leiche hast du das Teil denn geklaut?«

Ich hatte gelacht. In puncto Klamotten oder so bin ich nicht empfindlich. Und Candace hatte Recht, der Pulli sah mit seinem Lochmuster wirklich aus wie Spinnweben!

Prompt verwandelte sich mein funkelnagelneuer Pulli in einen Mumienschleier.

Und dieses Bild würde mich von nun an verfolgen. Das war immer so, wenn Candace etwas sagte, es hatte einfach diese Wirkung auf mich: Eines Tages brachte ich total stolz eine Persimone[1] von dem Baum in unserem Garten mit in die Schule. Candace schüttelte sich und meinte, das Fruchtfleisch sehe aus wie Rotz. [...] Und augenblicklich schmeckte die Persimone auch genau so, fühlte sich genau so an. Ich kam mir vor, als müsste ich daran ersticken, und spuckte sofort aus, was ich im Mund hatte.

1 *indian.* nordamerikanische Dattelpflaumenart

Zufällig blickte ich in dem Moment auf mein Spiegelbild und merkte, dass ich beim Grübeln an den Nägeln kaute. Keines der anderen Mädchen kaute an den Nägeln. Candace und Darcy sammelten Nagellack. Gemeinsam besaßen sie jede Farbe, die es auf der Welt gab.

Seit wann hatten sie vorgehabt, mich auszuschließen? Denn was auch immer sie heute unternahmen – sie schlossen mich aus. Das Grau umklammerte meinen Kopf wie eine Kneifzange.

War irgendwas passiert, als wir Freitag in der Cafeteria saßen, an unserem Fenstertisch, wie jeden Tag? Mir fiel nichts Ungewöhnliches ein. Außer vielleicht Candaces und Darcys Reaktion, als ich vorschlug, wir sollten einen Babysitter-Klub gründen, wie die Mädchen in den Büchern. Ich wusste, dass wir in unserer Nachbarschaft eine Menge Geld damit verdienen konnten, deshalb hielt ich es für eine gute Idee; aber die beiden starrten mich an, als hätte ich auf einmal Stoßzähne, wechselten einen Blick und brachen in Gelächter aus.

»Was ist daran so komisch?«, fragte ich, doch sie konnten vor lauter Lachen nicht antworten. Ich blickte Renée an. Sie zuckte die Achseln. [...]

Als wir die Cafeteria verließen, meinte Renée zu mir: »Du weißt doch ... mmh ... dass Candace oft auf ihre jüngeren Geschwister aufpasst. Vielleicht denkt sie ... vielleicht findet sie einfach, das reicht in puncto Babysitten.«

Lena platzte ins Zimmer.

»Wie oft habe ich dir schon gesagt, du sollst *anklopfen*?«

»*'tschul-digung*. Papa sagt, in einer Viertelstunde fahren wir los. Warum hast du immer noch dein Nachthemd an?« [...]

»Ich komme nicht mit.«

»Häh?«

»Magic Mountain ist blöd. Nur was für Kleinkinder.«

»Stimmt gar nicht.«

»Doch.«

Lena stürzte wieder hinaus und krakeelte: »Papa, Maya will nicht mitkommen.«

Wie sollte ich es ihm bloß erklären? Dass Papa mit uns einen Ausflug machen und dafür viel Geld ausgeben wollte, war echt was Besonderes. [...] Papa erschien im Türrahmen. »Was ist los?« Seine Stimme klang jetzt schon gereizt.

»Ich möchte einfach nicht mit.«

»Vor zehn Minuten warst du noch ganz begeistert. Ich kann mich da gut an ein Mädchen erinnern, das vor Freude fast an die Decke gesprungen ist.«

»Tut mir leid.«

»Hast du was Besseres vor?«

Meine Schwester steckte an ihm vorbei ihre Nase ins Zimmer. Papa seufzte: »Deine Mutter ist bei der Arbeit und ich fahre [...] auf jeden Fall hin. Möchtest du, dass ich dich bei einer Freundin absetze?«

Das war der Augenblick, in dem ich fast anfing zu heulen. Ich hatte keine Freundinnen.

Ich dachte nach, wen ich anrufen könnte. Jemanden, der nicht zur Clique gehörte, irgendeine Freundin von früher. Aber es war so lange her. Und als Candace mit ihrer Clique in meinem Leben aufgetaucht war, hatte ich alle anderen fallen lassen. Nicht wirklich fallen lassen, nicht mit einem BAM. Ich war einfach in der Versenkung verschwunden, hatte mich allmählich verkrümelt. Aber wenn ich eines von den Mädchen von damals jetzt angerufen hätte, hätte ich zumindest irgendwas darüber sagen müssen, warum ich mich so lange nicht gemeldet hatte. Und was noch schlimmer war – sie hätten sofort gewusst, dass ich fallen gelassen worden war, hätten das Echo von Candaces BAM! gehört.

Vielleicht sollte ich einfach lässig und cool bei Darcy auftauchen und fragen: »Na, was treibt ihr so?« Aber das würde ich sowieso nicht bringen, das war mir auch klar. Ich würde mich höchstens wie ein Feigling reinschleichen, kein Wort rausbringen, vor den anderen kriechen. Wie eine echte Loserin. Oder ich würde wimmern, betteln, flennen wie ein Baby. Noch schlimmer.

»Ich bin in einer Minute fertig.« Ich konnte Papa nicht in die Augen sehen. »Ich muss mich nur noch anziehen.«

Er nickte, ging hinaus und schloss die Zimmertür hinter sich.

4 Tauscht euch über Mayas Entscheidung aus. Sammelt Tipps, wie sich Maya gegenüber ihren Freundinnen verhalten soll.

5 Erstelle ein Schaubild, das die Beziehungen der Mädchen zueinander verdeutlicht.

Clara Zündorf, 16 Jahre

Sie stehen da

Sie stehen da
Wie eine Mauer
Seite an Seite
Schulter an Schulter

Sie stehen da
Ganz nah
Wenn sie wollten
Könnten sie mich packen

Sie stehen da
Direkt vor mir
Wenn sie wollten
Könnten sie mich anspucken

Sie stehen da
Ohne ein Lächeln
Wenn sie wollten
Könnten sie mich treten

Sie stehen da
Mit finsterem Gesicht
Wenn sie wollten
Könnten sie mich schlagen

Sie stehen da
Ich habe Angst
Wenn ich wollte
Könnte ich davonlaufen

Sie stehen da
Eine tiefgraue Mauer
Seite an Seite
Stein an Stein

Sie stehen da
Ich habe Angst

Sie stehen da
Riesen
Und ich ein Zwerg
Sie stehen da

1 Lies das Gedicht still durch und beschreibe deinen ersten Eindruck.

2 Die Schülerin spricht in ihrem Gedicht von einer tiefgrauen Mauer. Erkläre, was damit gemeint sein könnte.

3 Überlegt euch Möglichkeiten, wie man diese Mauer durchbrechen kann. Schreibt dazu ein Parallelgedicht.

Wie gut ist dein Selbstwertgefühl?

1 Mit dem folgenden Test kannst du herausfinden, ob du dir selbst oder mehr der Meinung anderer vertraust. Entscheide, wie die folgenden Aussagen auf dich zutreffen: stimmt genau (3 Punkte), stimmt oft (2 Punkte), stimmt zum Teil (1 Punkt), stimmt gar nicht (0 Punkte).

1. Ich vergleiche mich oft mit anderen.
2. Andere können meine Gefühle leicht verletzen.
3. Die Anerkennung der anderen ist mir sehr wichtig.
4. Ich fühle mich oft von anderen angegriffen.
5. Aus Angst vor einem Misserfolg tue ich lieber nichts.
6. Was andere von mir denken, ist sehr wichtig für mich.
7. Ich will es anderen immer recht machen.
8. Ich kann anderen nur schwer etwas abschlagen.
9. Ich beneide andere oft um ihren Erfolg.
10. Ich komme mir oft ungeliebt vor.
11. Ich muss mir und anderen stets etwas beweisen.
12. Ich habe oft das Gefühl, versagt zu haben.
13. Ich habe oft Schuldgefühle.
14. Ich mache mir häufig Sorgen um mein Aussehen.
15. Ich hasse es, schwach zu sein.
16. Ich verdiene es, dass es mir schlecht geht.
17. Wenn andere von mir sprechen, denke ich, dass sie schlecht von mir sprechen.
18. Ich schaue nicht gerne in den Spiegel.
19. Ich versuche, meine Fehler und Schwächen vor anderen zu verbergen.
20. Ich ärgere mich häufig über mich.
21. Ich zweifle häufig an mir und meinen Fähigkeiten.
22. Ich verlange von mir, immer alles richtig machen zu müssen.

2 Zähle deine Punkte zusammen. Hinweise zur Auswertung findest du auf S. 159.

3 Überlegt, was zu einem positiven Selbstwertgefühl dazugehört.

Ernst Jandl

my own song

ich will nicht sein
so wie ihr mich wollt
ich will nicht ihr sein
so wie ihr mich wollt
ich will nicht sein wie ihr
so wie ihr mich wollt
ich will nicht sein wie ihr seid
so wie ihr mich wollt
ich will nicht sein wie ihr sein wollt
so wie ihr mich wollt

nicht wie ihr mich wollt
wie ich sein will will ich sein
nicht wie ihr mich wollt
wie ich bin will ich sein
nicht wie ihr mich wollt
wie *ich* will ich sein
nicht wie ihr mich wollt
ich will *ich* sein
nicht wie ihr mich wollt will ich sein
ich will *sein*

M. C. Escher: Rinde, 1955

1. Schreibe die Sätze heraus, die dir besonders aufgefallen sind, und erkläre, wie du sie verstehst.

2. Überlege, zu welcher Situation dieses Gedicht passt.

3. Untersucht den Aufbau des Gedichts. Welche Zeilen wiederholen sich und was wird dadurch erreicht?

Kapitel 2

Schreiben, mailen, chatten

1. Betrachte die Bilder genau. Was wird dargestellt?

2. Tauscht euch über die unterschiedlichen Arten des Schreibens aus.

3. In welchen Situationen schreibst du Briefe, E-Mails oder SMS? Begründe, warum dir eins besonders gut gefällt.

Mona will David kennen lernen, aber sie will ihn nicht treffen, sie will ihm Briefe schreiben. Und der wortkarge David soll zurückschreiben. Nur zögerlich lässt er sich darauf ein, doch nach und nach gefällt ihm die altmodische Art der Kommunikation. Man kann sich hinter Briefen verstecken und muss auf unangenehme Fragen nicht sofort eine Antwort geben, sondern kann sich Zeit zum Überlegen nehmen.

1 Sieh dir diese Doppelseite an und trage zusammen, welche Bestandteile der Brief enthält.

Anja Tuckermann, Andreas Steinhöfel

David Tage. Mona Nächte

Berlin, den 21. 07. 98

Hallo, Mona,

wie fang ich jetzt bloß an? Du hast mich ganz schön überrumpelt. Als du gesagt hast, du würdest mir schreiben, da dachte ich: Das macht die nie. Die erzählt nur so rum. Und was soll das überhaupt, sich zu schreiben, schließlich, wozu gibt's Telefon? Briefeschreiben finde ich altmodisch.

Warum hast du mir nicht einfach deine Telefonnummer gegeben?

Früher musste ich immer meiner Patentante schreiben. Die wohnt irgendwo in Süddeutschland, ich hab sie nie besucht in ihren Schwäbischen Alpen. Zu jedem Geburtstag und zu jedem Weihnachten hat sie mir ein Buch geschickt. Was okay war, weil meine Eltern nie Geld für Bücher ausgeben wollten – tun sie heute noch nicht. Ich lese gern. Aber bei den Dankschreiben an meine Patentante hab ich mir regelmäßig die Finger abgebrochen. Ich kann nicht so gut von mir erzählen. Ich bin kein guter Briefeschreiber.

Sich zu treffen wäre doch viel netter, findest du nicht? Ich würde dich wirklich gern wiedersehen, Mona. In dieser blauweiß karierten Bluse zum Beispiel. Die könnte von mir aus irgendwelche Flecken haben oder auch Mickymäuse drauf, völlig egal. Hättest du vielleicht mal Lust auf ein Eis oder so was?

Soll ich wirklich bei dir klingeln?

Würdest du aus den Wolken fallen?

Ich weiß nicht. Ich dachte halt: Die siehst du nie wieder, schade. Und jetzt schreibst du mir was von meinen Augen. Das bringt mich durcheinander. Das würde jeden durcheinanderbringen, oder?

O Mann, was für ein Gekritzel, und dabei ist das schon der siebte Anlauf, also schick ich diesen Brief einfach mal los, sonst wird ja nie was draus. Der nächste wird besser. Versprochen! Aber denk noch mal über das Telefon nach, ja? Am Telefon bin ich wirklich besser.

Dein David

PS: Das mit dem alten Mann tut mir leid. Ich frag mich, was wohl aus seinem Dackel geworden ist ...

2 Suche aus dem Brief heraus, was du über Mona erfährst.

3 Tragt zusammen, was David über das Schreiben von Briefen denkt.

4 Tauscht euch darüber aus, in welchen Situationen ihr jemandem etwas schreiben oder lieber mit ihm telefonieren würdet.

5 Schreibe einen Antwortbrief von Mona an David.

Der italienische Junge Michele und der griechische Junge Fotis sind beide dreizehneinhalb Jahre alt, als sie beginnen, einander Briefe zu schreiben. Das Buch ist als Brief- und E-Mail-Roman von einem italienischen und einem griechischen Autor verfasst worden. Sie haben jeweils in ihrer Muttersprache geschrieben und die Briefe an eine Übersetzerin geschickt.

Luciano Comida, Vagelis Iliopoulos

Dreizehneinhalb

Triest, den 7. Januar

Lieber unbekannter griechischer Freund,

entschuldige meine erbarmungslose Offenheit. Aber ich schreibe dir nicht freiwillig – man hat mich dazu gezwungen. Ich kenne dich nicht und habe auch keine Lust, dich kennen zu lernen.

Angefangen hat alles damit, dass meine Italienischlehrerin Frau Juliano eine Schwäche für die Antike hat. In den Weihnachtsferien war sie in Griechenland, um sich Tempel und so was anzusehen, und in einem Museum hat sie dann deine Lehrerin Frau Kosmas kennen gelernt. [...]

Voller Begeisterung kam die Juliano heute in die Klasse gestürmt und verkündete: »Ich habe eine tolle Idee. Wir starten eine Klassen-Brieffreundschaft. Jeder Schüler dieser Klasse schreibt einen Brief an einen gleichaltrigen Schüler einer Schule der griechischen Hauptstadt. [...]«

Und als ob die Mathehausaufgaben mit den verdammten Gleichungen, die man sowieso nie wieder braucht (vor allem ich nicht), nicht schon schlimm genug wären, muss ich dir jetzt auch noch einen Brief schreiben. Einen Brief an jemanden, von dem ich nichts, aber auch gar nichts weiß.

Zum Glück liest die Juliano unsere Briefe nicht (sie meinte, das sei unsere Privatsphäre). Meine Klassenkameraden und ich mussten die zugeklebten Kuverts bei ihr abgeben. [...]

Ein guter Rat, mein lieber unbekannter Grieche: Mach's wie ich. Ignoriere mich einfach!

Es grüßt dich
Michele Crismani

1 Fasse zusammen, warum Michele einen Brief schreiben muss.

2 Wie würdest du reagieren, wenn du so einen Brief bekommst? Schreibe eine Antwort.

3 Lies nun die Antwort des griechischen Jungen Fotis. Achte darauf, wie er über eine Brieffreundschaft denkt.

Athen, den 15. Januar

Lieber Michele,
mein Freund aus Triest in Italien,

wie sehr habe ich mich heute gefreut, als Frau Kosmas, meine Italienischlehrerin, eure Briefe an uns ausgeteilt hat! [...]

In der Klasse kam Begeisterung auf. Viele Mädchen wollten den Brief von einem Jungen ziehen, da sie sich euch alle wie Eros Ramazotti vorstellen. Natürlich können sie aber auch einen wie Roberto Benigni erwischen ... Von den Jungen wollten einige einen Briefwechsel mit Mädchen anfangen, weil es heißt, dass die Italienerinnen sehr hübsch sind, und andere mit Jungen, um über Ferrari, Juventus und Milan zu debattieren.

Mir war das nicht so wichtig. Wer den Brief, den ich ziehen würde, auch immer geschrieben haben mochte, sollte für mich ein guter Freund sein. Wichtig ist, dass ich durch den Briefwechsel im Italienischen besser werde.

Außerdem will ich wissen, wie jemand in meinem Alter aus einem Nachbarland denkt. Auch wenn unsere Lehrerinnen uns nicht dazu verpflichtet hätten, fände ich es schön, einen Brieffreund zu haben.

Ich zog also einen Brief und das war deiner. [...]

Ich heiße Fotis Paskos.

Über deine Stadt Triest weiß ich nicht viel. Nur, dass sie dort am Ende des 18. Jahrhunderts einen Griechen gefangen genommen haben, Rigas Feräos, einen Vorkämpfer im Aufstand gegen die Türken. Das wirst du wahrscheinlich nicht wissen, weil es vor über 200 Jahren passiert ist. Ich weiß es, weil ich in Geschichte spitze bin. [...]

Wie läuft es bei dir in der Schule? Ich habe das Gefühl, nicht so besonders. Warum würdest du sonst so an deiner Lehrerin herummeckern?

Okay, ich kenne Frau Juliano nicht, aber eine Verehrerin des antiken griechischen Geistes kann nicht total daneben sein. Frau Kosmas jedenfalls ist ein wunderbarer Mensch und eine gute Lehrerin. [...] Sie unterrichtet Italienisch auf so originelle Weise, dass es keinem von uns langweilig wird.

Das Fach ist bei uns ein Wahlfach. Ich könnte mir stattdessen auch etwas anderes aussuchen. Aber ich habe mich für Italienisch entschieden, weil ich gerne Opern höre und das Italienisch mir dabei helfen wird, die Melodramen besser zu verstehen.

Ich bekomme Musikunterricht und nehme Gesangsstunden. Vor allem mag ich Verdi und Puccini. Meine Lieblingsarie ist »Nessun Dorma« aus Turandot. Die höre ich mir an, gesungen von Pavarotti, und träume davon, wie ich sie selbst in der Scala von Mailand singe! [...]

Wie du siehst, verbindet uns nicht nur das alte Griechenland, sondern auch die Gegenwart.

Könnte ich dich also ignorieren? Natürlich nicht. Du bist Michele, mein neuer Freund, und wir werden uns regelmäßig Briefe schreiben. [...]

Die Idee unserer Lehrerinnen war fantastisch. Ich frage mich, warum du sie so übel aufgenommen hast.

Weil du viel zu lernen hast, stimmt's? Schick mir mal eine Mathegleichung und ich löse sie für dich. Ich habe dir ja gesagt, dass ich gut in der Schule bin. [...]

So viel von mir als Antwort auf deinen ersten Brief. Sobald du ihn erhältst, antworte mir, denn ich warte ungeduldig darauf. Hast du vielleicht auch eine E-Mail-Adresse, damit wir uns per Computer schreiben können?

Michele, mein Freund, mach es gut.
Fotis

4 Schreibe heraus, was du über Fotis' Interessen erfährst.

5 In Fotis' Brief ist von italienischen Sängern, Komponisten und Opern die Rede. Suche im Internet, wer diese Personen sind und was sich hinter Turandot und der Scala von Mailand verbirgt.

6 Fotis schickt Michele dann noch eine E-Mail. Lies sie und vergleiche die Informationen, die du hier erhältst, mit denen im ersten Brief.

Von: Fotispower@hellasnet.gr

An: Michele.Crismani@libero.it

Mein lieber Freund Michele,

zum Glück hast du mir noch deine E-Mail-Adresse geschickt. Die brauchen wir, damit ich bei bestimmten Themen Klartext reden kann. Völlig unmöglich in den Briefen!
Unsere Lehrerin, die Kosmas, liest alle Briefe, bevor wir sie abschicken. Sie sagt, dass sie das macht, um unsere Fehler zu korrigieren! Ich glaube etwas anderes. Wir sollen bloß nichts schreiben, was sie und die Schule blamiert. Außerdem will sie unser Leben ausspionieren. Alles will sie wissen, diese alte Tratsche. Zum Glück hat sie mit Computern nichts am Hut, und so können wir uns ungestört mailen.
Also, alles, was ich dir geschrieben habe, das habe ich vor allem geschrieben, damit sie es liest und nicht du. Nicht dass ich dich angelogen habe, aber ich habe dir auch nicht die ganze Wahrheit gesagt. Opern, zum Beispiel, finde ich echt super und ich stehe auf Arien. Aber dieses eine Mal beim Sport habe ich Eminem gehört. Den hatte mir die Oma zu Hause verboten! [...]
Und noch etwas: Alles, was ich dir über Mathe geschrieben habe, stimmt. [...] Deshalb sage ich dir: Ich lüge dich nicht an, aber ich schreibe dir auch nicht die volle Wahrheit. Check also deine Mails, denn außer blöder Werbung und Spam wirst du dort auch meine »Anfälle gnadenloser Ehrlichkeit« finden, die vieles erklären werden ...

Viele Grüße
dein Freund aus Griechenland
Fotis

Berrys Eltern, die eine Konditorei besitzen, und der Vater von PinkMuffin, dem eine große Kosmetikfirma gehört, werden erpresst. Die beiden Jugendlichen lernen sich durch einen E-Mail-Wechsel kennen und legen den Erpressern das Handwerk.

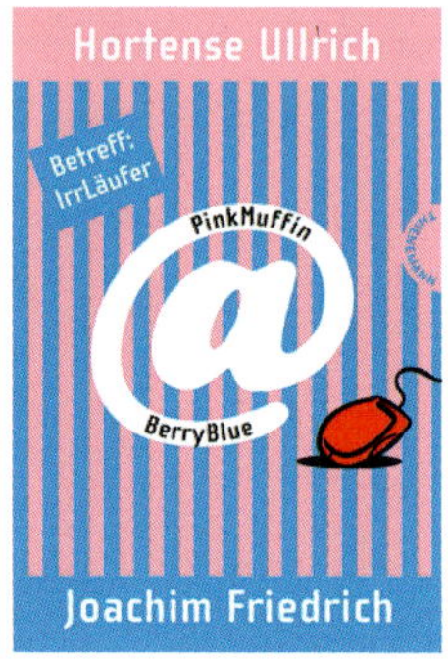

Hortense Ullrich, Joachim Friedrich

PinkMuffin@BerryBlue

Betreff: Irrläufer

Von: BerryBlue
An: PinkMuffin
Betreff: Die Irren machen Ernst!

Hi,

die wollen mir an den Kragen! Echt! Heute war nämlich der Anwalt da. Das hatten die beiden Irren ja schon angedroht. Nicht die Eingeschrumpelte, sondern die Aufgeblasene. Also nicht die, die gegackert hat und ein Ei legen wollte, sondern die mit den Walkürenbällchen. Als der Typ hier heute auftauchte, wollte ich erst gar nicht glauben, dass er Anwalt ist. Wer holt wegen so einem Schwachsinn denn einen Anwalt? Obwohl er eigentlich so ausgesehen hat. Du weißt schon: Anzug, Designerhandy und so viel Rasierwasser, dass die Fliegen von der Wand fallen.

Ich war mit dem matschigen Bienenstich beschäftigt und wollte ihn gerade fragen, was er will, aber dazu bin ich gar nicht gekommen. Der Typ hat gleich angefangen, mich zu beschimpfen. Na ja, nicht so richtig übel. Mehr so ein Anwaltsschimpfen: »Ist es korrekt, dass Sie …« und »Wie meine Mandanten zu Recht fordern …« Kannst du dir ja vorstellen. Und dann ging's zur Sache. Schmerzensgeld, Ordnungsamt und der ganze Mist. Zum Schluss hat er sogar noch mit Gefängnis gedroht, der Spinner. Der ist total bekloppt. Aber noch bekloppter sind die Eingeschrumpelte und die Aufgeblasene. Wenn die ein Ei legen wollen, sollen sie doch. Was hab ich damit zu tun? Und die Walkürenbällchen sind auch nicht schuld daran. Nur meine Eltern sind ganz schön blass geworden. Machen sich Sorgen und so. Verstehe ich gar nicht. Ich hab doch nix gemacht. Wahrscheinlich wollte der Typ nur seine Anwaltsshow abziehen und das war's.

Ich muss mich erst mal entspannen. Hab mir ein neues Telefonbuch besorgt. Gelbe Seiten. Bin schon bei C!
Bis bald mal!
BB

Von: PinkMuffin
An: BerryBlue
Betreff: Durchgeknallter Hühnerzüchter!

Sag mal, spinnst du? Woher hast du meine Mail-Adresse und wer bist du und was soll das?!

Was geht mich deine Hühnerzucht an, ob dich 'ne Biene gestochen hat und ob du 'n Problem mit Walkürenbällchen oder Anwälten hast!

Die sollten dir nicht mit Gefängnis drohen, sondern dich zum Therapeuten schicken. Und da du dir ja offensichtlich die Gelben Seiten zum Entspannen besorgt hast (benutzt du die als Kopfkissen?), blätter mal zur Ärzte-Seite und such Hilfe.

1 Trage zusammen, welche verständlichen Informationen du der E-Mail von BerryBlue entnehmen kannst.

2 Beschreibe die Reaktion von PinkMuffin auf Berrys E-Mail.

3 Stellt Vermutungen darüber an, was hier passiert sein könnte.

Von: BerryBlue
An: PinkMuffin
Betreff: ???

Was bist du denn für einer?
Mist! Ich hab die falsche Mail-Adresse genommen! Du bist nicht punkmuffin, oder?

Von: PinkMuffin
An: BerryBlue
Betreff: Nicht der Hellste, was?

Also, Hühnerzüchter, ja, sehr schlau: Du hast ganz offensichtlich die falsche Mail-Adresse genommen! Und wenn du intelligenter als ein Walkürenbällchen bist, kommste auch von selbst drauf, dass ich nicht PUnkMuffin bin, sondern PInkMuffin, weil's ja so in meiner Antwort-Mail stand!

Von: BerryBlue
An: PinkMuffin
Betreff: Kein Stress!

Ist ja gut! Reg dich wieder ab. Ich hab's kapiert. Tut mir leid wegen der falschen Adresse. Die Mail war eigentlich für einen Typen aus meiner Klasse. Kein Freund oder so. Nur ab und zu häng ich mal mit dem rum und – ach, warum erzähl ich dir das eigentlich? Hab nur gerade Ärger mit ein paar total irren Typen. Aber der geht auch wieder vorbei.
Dann mach's gut und sorry noch mal.
BB

Von: PinkMuffin
An: BerryBlue
Betreff: Was ist?

Kommste nun ins Gefängnis oder nicht?
Falls ja, ich hab ’nen guten Anwalt.

PS: Wenn deine Mail an mich wirklich ein Irrläufer war, sorry, dass ich dich so angepflaumt hab, aber hey, jetzt mal im Ernst, du klingst schon ziemlich durchgeknallt.

4 Sammle alles, was du bis hier über PinkMuffin und BerryBlue erfährst. Trage die Informationen in eine Tabelle ein.

Von: BerryBlue
An: PinkMuffin
Betreff: Hühneromas!

Also gut. Bevor du denkst, ich wäre völlig durchgeknallt, erzähl ich dir die ganze Geschichte.
Meine Eltern haben ein Café. Das heißt Café Kränzchen, und das kannst du wörtlich nehmen. Jeder, der da reinkommt und unter 50 ist, senkt den Altersdurchschnitt erdrutschartig. […]
Ich heiße übrigens tatsächlich »Berry«. […] Das »Blue« fand ich irgendwie cool. Und eigentlich – na ja – hab ich wirklich manchmal den Blues. Allerdings nicht wegen der bekloppten Omas. Die machen nur Stress, warum auch immer, denn ich hab wirklich nicht – ach, das muss ich ja erst noch erzählen.
Die Aufgeblasene hat mich also ein paarmal gefragt, ob denn nun wirklich und tatsächlich kein Alkohol in den Walkürenbällchen wäre.

Und da kam mir plötzlich der Gedanke, dass sie das nur sagt, damit sie was von mir bekommt. Manche sind ja so drauf. Die erzählen einem so lange, dass sie Alkohol nicht mögen, bis man ihnen endlich 'ne Flasche Whisky vor die Nase stellt.
Ich frage also: »Hätten Sie gern ein Schnäpschen?«
Da hättest du die Aufgeblasene mal erleben sollen! Die ist fast explodiert. Sah ja sowieso schon so aus. [...]
»Sind Sie schwerhörig, junger Mann?«, schreit mich das Rotbäckchen an. »Ich habe Ihnen doch gerade zu erklären versucht, dass Alkohol eine verheerende Wirkung auf meine Freundin hat! Und Sie bieten mir einen Schnaps an! Unverschämtheit!«
Ich kann dir sagen, die hatte vielleicht eine Stimme! Unsere armen Stammomis mussten ihre Hörgeräte gleich um ein paar Stufen runterstellen. Ich hab aber immer noch versucht, cool zu bleiben.
»Wird sie schnell betrunken?«, frage ich.
»Nein, viel schlimmer«, sagt die Aufgeblasene nur. »Und nun bringen Sie uns zwei Walkürenbällchen, ein Stück Frankfurter Kranz und zwei Kännchen koffeinfreien Kaffee.«
Ich muss gestehen, dass ich wirklich darüber nachgedacht habe, ob ich die Walkürenbällchen ein bisschen in Rum tränken soll, weil ich ziemlich sauer auf den Brüllfrosch war. [...] Ich hab's dann aber doch gelassen. War mir zu gefährlich. [...] Ich also wieder zurück zu den beiden Irren, bringe ihnen die Walkürenbällchen (ganz brav ohne den Alkohol), den Kuchen und den Kaffee und sie fangen an zu mümmeln.
Als ich wieder hinter der Theke bin und die beiden schon fast vergessen habe, da bricht plötzlich das absolute Chaos aus. Kreischen und Schreien – und Gackern aus dem Gästeraum.
Wir rennen los. Genauer gesagt: unsere Küchenhilfe, meine Mutter und ich. [...] Und dann kann ich echt nicht glauben, was ich sehe. [...]
Die Verschrumpelte steht auf ihrem Stuhl. Aber nicht nur das. Sie flattert mit ihren Armen wie ein Vogel und gackert! Ehrlich! Sie gackert wie ein durchgeknalltes Huhn! [...]
Ich hätte fast laut gelacht. Nur hat mir die Aufgeblasene den Spaß verdorben.

»Es war doch Alkohol in den Walkürenbällchen!«, brüllt sie mich an. »Sie haben meine Freundin vergiftet!«
»Unsere Walkürenbällchen werden ohne Alkohol –«, hat meine Mutter es noch mal versucht, aber der Brüllfrosch hat sie nicht ausreden lassen.
»Das wird Konsequenzen haben! Er hat uns ja sogar Alkohol angeboten, obwohl ich ihm ausdrücklich gesagt habe, welche Wirkung der auf meine Freundin hat!« [...]
Meine Mutter dreht sich zu mir um: »Hast du etwa?«
»Nein!«, rufe ich. »Die sind doch nicht mehr ganz dicht, die beiden!«
»Nun auch noch beleidigend werden!«, schreit die Dicke.
»Was hat denn Ihre Freundin?«, fragt meine Mutter. [...]
»Ein psychischer Defekt, der durch Alkohol ausgelöst wird!«
Ich hab das nicht kapiert, aber der Anwalt hat es uns später noch mal erklärt. [...] Ist wohl so ähnlich wie bei einer Hypnose. Wenn einer mit einem Glöckchen bimmelt, glaubst du, du wärst Napoleon. So ähnlich war es bei der Verschrumpelten auch. Nur dass sie nicht wegen einem Glöckchen, sondern wegen Alkohol durchgedreht ist und nicht glaubte, sie wäre Napoleon, sondern ein Huhn.

Plötzlich hört sie auf zu gackern, springt von ihrem Stuhl, hockt sich in eine Ecke und guckt ganz irre vor sich hin. Dabei wackelt sie mit dem Kopf und fängt wieder an zu schmatzen.
»Was hat sie denn jetzt?«, fragt meine Mutter vorsichtig.
Da hält sich ihre Freundin den Zeigefinger vor den Mund und flüstert: »Psst. Sie versucht, ein Ei zu legen. Dabei darf sie nicht gestört werden.«
Das war zu viel für mich. Ehrlich. Ich konnte nicht mehr. Ich hab mir fast in die Hosen gemacht vor Lachen. Das Lachen ist mir aber schnell wieder vergangen. Kurz bevor die beiden abgedampft sind (die Verschrumpelte hat übrigens dann doch kein Ei gelegt), hat der Brüllfrosch meiner Mutter nämlich den Rest von unseren Walkürenbällchen unter die Nase gehalten.
»Das nehmen wir mit! Und dann werden wir ja sehen, ob da Alkohol drin war!«
»Und wenn?«, fragt meine Mutter.
»Dann werden wir Sie verklagen! Darauf können Sie sich verlassen!« [...]
So, jetzt kennst du die Geschichte. Die handelt zwar von Irren, aber das heißt noch lange nicht, dass ich auch irre bin. Lass von dir hören.
Berry

5 Berry hat die Situation im Café sehr ausführlich beschrieben. Fasse mit wenigen Sätzen zusammen, was sich ereignet hat.

6 Wie stellst du dir die beiden älteren Damen vor, mit denen Berry Streit bekommt? Beschreibe sie oder fertige eine Zeichnung von ihnen an.

7 Du hast den Romananfang gelesen. Überlege, wie es mit der Geschichte und den Briefpartnern PinkMuffin und BerryBlue weitergehen könnte.

8 Schreibt eine eigene E-Mail-Geschichte. Tipps dazu bekommt ihr auf der nächsten Seite.

Eine E-Mail-Geschichte schreiben

Du hast jetzt einen Auszug aus einem E-Mail-Roman kennen gelernt. So wie PinkMuffin und BerryBlue kannst auch du mit einer Partnerin / einem Partner eine eigene E-Mail-Geschichte schreiben. Die folgenden Arbeitsschritte helfen dir dabei. Bei technischen Fragen kannst du auch deine Computerlehrerin / deinen Computerlehrer um Hilfe bitten.

1. **Eine Schreibpartnerin / Einen Schreibpartner finden**
   Das kann neben der besten Freundin / dem besten Freund auch jemand sein, den ihr noch nicht so gut kennt.
2. **Ideen für eine Geschichte sammeln**
   Sucht euch ein Thema aus, zu dem ihr einen E-Mail-Roman schreiben wollt. Es kann um eure Ferienerlebnisse gehen, um Bücher oder Filme oder um ein Geheimnis, das gelüftet werden soll.
3. **Eine Gliederung entwerfen**
   Überlegt euch, ob ihr selbst Figuren der Handlung sein möchtet oder ob ihr euch Figuren ausdenken wollt. Legt Eckpunkte der Handlung fest, bevor ihr mit dem Schreiben beginnt.
4. **Im Austausch von E-Mails eine Geschichte entwickeln**
   Tauscht die ersten E-Mails aus. Gestaltet die Figuren eurer Geschichte. Denkt euch Namen, Charaktereigenschaften und E-Mail-Adressen aus. Lasst euch auch überraschen, welche Wendungen die Handlung nehmen kann, wenn zwei Menschen an einer Geschichte schreiben.
5. **Korrekturlesen des Computerausdrucks**

1 Sucht euch eine E-Mail-Partnerin / einen E-Mail-Partner und schreibt eine eigene Geschichte. Geht dabei nach der Schrittfolge vor.

2 Führt eine Schreibkonferenz durch, mit deren Hilfe ihr eure E-Mail-Geschichten überarbeiten könnt.

3 Gestaltet für den Computerausdruck der überarbeiteten Geschichte ein Deckblatt.

Mia Thermopolis lebt mit ihrer Mutter in New York. Ihr Leben an der Schule ist nicht gerade leicht: Sie gehört nicht zu den coolen Mädchen, in Mathe ist sie eine Null und ihre Mutter verliebt sich ausgerechnet in Mias Mathelehrer. Und dann erfährt sie auch noch, dass ihr Vater das kleine Fürstentum Genovia regiert und sie, Mia, eine echte Prinzessin ist.

1 Lies den folgenden Auszug aus einem Chat zwischen Mia (FtLouie) und Michael (Crac-King), dem Bruder ihrer besten Freundin. Überlege, was vorher passiert sein könnte.

Meg Cabot

Plötzlich Prinzessin!

Crac-King He, Thermopolis, was war denn gestern Abend los? Ich hab schon gedacht, du wärst jetzt vollends durchgeknallt.

Ich? Durchgeknallt?

FtLouie Nur zu deiner Information: Ich bin keineswegs durchgeknallt. Ich hab es bloß satt, dass deine Schwester mir immer vorschreiben will, wie ich mich zu verhalten hab. Aber das braucht dich nicht zu interessieren.

Crac-King Kein Grund, so überheblich zu werden. Natürlich interessiert es mich. Schließlich muss ich mit ihr zusammenleben.

FtLouie Wieso? Redet sie über mich?

Crac-King Könnte man so sagen.

Die haben sich also über mich unterhalten – ich pack es nicht. Und es ist ja wohl ganz klar, dass sie nichts Gutes über mich gesagt haben kann.

FtLouie Was hat sie gesagt?

Crac-King Ich dachte, das braucht mich nicht zu interessieren?

Bin ich froh, dass ich keinen Bruder hab.

FtLouie Hat es auch nicht. Also, was sagt sie über mich?

Crac-King Dass sie nicht versteht, was in letzter Zeit mit dir los ist. Sie meint, seit dein Vater da ist, benimmst du dich wie eine Gestörte.

FtLouie Ich? Wie eine Gestörte? Und was ist mit ihr? Sie kritisiert mich die ganze Zeit. Ich habe es echt satt!! Wenn sie meine Freundin wäre, würde sie mich so akzeptieren, wie ich bin, oder etwa nicht????

Crac-King Kein Grund, so rumzuschreien.

FtLouie Ich schreie nicht!!!

Crac-King Du benutzt übertrieben viele Satzzeichen und das ist im Internet wie schreien. [...] Stehst du in Mathe eigentlich immer noch so schlecht?

Die Frage kam ziemlich überraschend.

FtLouie Ich glaub schon. Aber in Anbetracht der Tatsache, dass Mr. G letzte Nacht bei uns geschlafen hat, lässt er mich vielleicht noch mit einer Vier durchkommen. Wieso?

Crac-King Was? Mr. G hat bei euch übernachtet? Bei euch zu Hause? Und, wie war das für dich?

Äh ... warum hatte ich ihm das überhaupt erzählt? Morgen weiß es die ganze Schule. Vielleicht verliert Mr. G dann seinen Job! Ich weiß gar nicht, ob sich Lehrer überhaupt mit den Müttern ihrer Schülerinnen einlassen dürfen. [...]

FtLouie Ziemlich schrecklich. Aber dann hat er ein paar Witze darüber gemacht und das war eigentlich ganz nett. Ich weiß auch nicht. Ich müsste wahrscheinlich eine Wut auf meine Mutter haben, aber sie kommt mir so glücklich vor, dass ich echt nicht sauer auf sie sein kann. [...] Wieso wolltest du wissen, wie ich in Mathe stehe?

Crac-King [...] Ich dachte, ich könnte dir in der T-&-B-Stunde ein bisschen Nachhilfe geben, wenn du Interesse hast.

Michael Moscovitz will mir helfen? Ich war so platt, dass ich fast von meinem Bürostuhl gefallen wäre. [...] Ich glaube, ich sollte mich öfter mit Lilly verkrachen.

2 Überlegt, wie sich Mia verändert haben kann, seit sie Prinzessin geworden ist. Schreibt dazu einen Chat zwischen Mia und ihrer Freundin.

3 Tragt zusammen, worin sich Chat, Brief und E-Mail unterscheiden.

Fachübergreifendes

Chatiquette

Überall dort, wo Menschen aufeinandertreffen, sind Regeln notwendig. Damit Gespräche in Chats reibungslos ablaufen, gibt es auch hier Verhaltensregeln, die man beachten muss. Diese werden Chatiquette oder Netiquette genannt (*engl.* chat = Plauderei oder net = Netz plus *franz.* etiquette = Verhaltensregeln).

1. Zeige Respekt und Höflichkeit gegenüber anderen Teilnehmerinnen und Teilnehmern; beleidige sie nicht. Dann werden sie dich auch respektieren.
2. Rassistische, nationalsozialistische oder sexistische Äußerungen werden nicht geduldet und können sogar strafrechtlich verfolgt werden.
3. Betrittst du zum ersten Mal einen Chatroom, schau dir erst an, worüber gesprochen wird, welche Leute chatten und wie die Stimmung ist.
4. Jeder Mensch hat mal schlechte Laune. Aber lasse deine Laune nicht an den anderen Chattern aus!
5. Möchtest du jemanden direkt ansprechen, so verwende den Namen der Person, mit der du reden möchtest. Sonst weiß die Person nicht, dass sie gemeint ist und reagiert nicht.
6. Bedenke, dass du im Chat nicht völlig anonym bist. Jeder Chat-Server kann deine Rechneradresse (IP) mitschneiden.
7. Persönliche Meinung ist gefragt, aber sie darf weder verletzen noch beleidigen. Die Gesetze der BRD müssen beachtet werden.
8. Ironie oder Witze sollen durch so genannte Smileys kenntlich gemacht werden. Großbuchstaben oder Fettdruck symbolisieren im Chat lautes Schreien! Verwende sie darum so selten wie möglich.

1 Beschreibe deine Erfahrungen im Chat. Hast du selbst schon einmal Regelverstöße erlebt? Wie bewertest du sie?

2 Betrachtet erneut die Bilder auf der ersten Seite des Kapitels (S. 35). Tauscht euch darüber aus, wie sich das Schreiben und das miteinander Reden in den letzten Jahrhunderten verändert haben.

Kapitel 3

Natur erleben in Gedichten

René Magritte:
Die Blankovollmacht,
1965

Erich Kästner

Die Bäume

Wir sitzen nicht auf Thronen.
Uns schmeichelt nur der Wind.
Wir haben dennoch Kronen,
die schöner als eure sind.

1. Beschreibe das Gemälde von René Magritte.

2. Welches Bild entsteht beim Lesen des Gedichts in deinem Kopf?

3. Zeichne eine Baum- und eine Herrscherkrone.
Welche Gemeinsamkeiten und welche Unterschiede kannst du erkennen?

Bertolt Brecht

Die Pappel vom Karlsplatz

Eine Pappel steht am Karlsplatz
Mitten in der Trümmerstadt Berlin
Und wenn Leute gehn übern Karlsplatz
Sehen sie ihr freundlich Grün.

In dem Winter sechsundvierzig
Fror'n die Menschen, und das Holz war rar
Und es fielen da viele Bäume
Und es wurd ihr letztes Jahr.

Doch die Pappel dort am Karlsplatz
Zeigt uns heute noch ihr grünes Blatt:
Seid bedankt, Anwohner vom Karlsplatz
Daß man sie noch immer hat! R

1 Beschreibe mit eigenen Worten, was du über die Geschichte der Pappel vom Karlsplatz erfährst.

2 Suche im Internet nach Fotos, die den Karlplatz heute zeigen.

Der Karlplatz in Berlin 1945

Fachübergreifendes

Der Karlplatz und seine Pappel(n)

Der Karlplatz in Berlin ist vor allem durch das Gedicht von Bertolt Brecht berühmt geworden. Vergleicht man allerdings das Gedicht mit einem Foto des Platzes, ergeben sich einige Unstimmigkeiten: Neben einem Denkmal für den bedeutenden Mediziner Karl Virchow (1821–1902) stehen rechts und links zwei sehr hohe Pyramiden-Pappeln und einige kleine dahinter.

Als Bertolt Brecht 1948 aus dem amerikanischen Exil nach Berlin zurückkehrte, notierte er: »Berlin, der Schutthaufen bei Potsdam«. Nicht nur die Stadt lag in Trümmern, es fehlten auch die Bäume. Im strengen Nachkriegswinter 1946/47 waren sie verheizt worden. Zwar trieben aus dem Baumstrunk einer abgeholzten Pappel am Karlplatz neue Äste und Blätter, doch auch diese Pappel wurde 1954 abgesägt, weil sie Büros verdunkelte.

Viele Jahre war der Karlplatz baumlos. Zwar hatte eine Baumschule aus den alten Karlplatz-Pappeln Stecklinge gezogen, die Schülerinnen und Schüler einer Berliner Oberschule im Jahr 1979 auspflanzten, doch mussten diese jungen Pappeln 1998 wegen Baumaßnahmen gefällt werden. Zum Glück pflanzte noch im selben Jahr der damalige Regierende Bürgermeister von Berlin neue Pappeln. Ob es sich bei diesen Bäumen um direkte Nachfahren der Brecht'schen Pappel handelt, ist nicht sicher. Und ob Brecht den Karlplatz versehentlich mit einem »s« geschrieben hat, wissen wir auch nicht. Aber wir können uns an zweierlei erfreuen: am Grün der Pappeln und an Brechts Lobgesang auf Mensch und Natur.

1 Erzähle mit eigenen Worten die Geschichte der Pappel(n) am Karlplatz nach.

2 Vergleiche den Inhalt des Gedichts mit den Informationen des Sachtextes.

Bernd Weinkauf

Die Pappel vom Parkplatz

Keine Pappel steht am Parkplatz
Mitten in der Neubaustadt Grünau
Und wenn Leute gehen übern Parkplatz
Sehen sie der Häuser Grau.

In dem Winter sechsundachtzig
Fror kein Mensch, Heizung war nicht rar
Und man heizte Schwefelkohle
Wie in jedem vor'gen Jahr.

Doch die Pappel dort am Parkplatz
Vertrug das alles nicht so recht –
Und die Kinder in der Schule
Lernen ein Gedicht von Brecht.

1 Was ist mit der Pappel vom Parkplatz passiert?

2 Vergleicht dieses Gedicht mit Brechts »Die Pappel vom Karlsplatz«. Arbeitet Ähnlichkeiten und Unterschiede heraus.

3 Sucht ein Beispiel aus eurer Umgebung, wo die Natur dem Menschen weichen musste. Schreibt ein Gedicht darüber.

Ernst Jandl

im park

bitte ist hier frei
nein hier ist besetzt
danke
bitte ist hier frei
nein hier ist besetzt
danke
bitte ist hier frei
nein hier ist besetzt
danke
ist hier frei
nein hier ist besetzt
danke
ist hier frei
nein hier ist besetzt
danke
ist hier frei
nein hier ist besetzt
danke
bitte ist hier frei
nein
danke
hier frei
besetzt
danke
ist hier frei
nein hier ist leider besetzt
danke
ist hier frei
bitte
danke

1 Lies das Gedicht mit den richtigen Satzschlusszeichen.
Achte darauf, welche Zeile eine Frage und welche Zeile eine Antwort ist.

2 Beschreibe die dargestellte Situation. Wer spricht?

3 Übt eine szenische Darbietung des Gedichts.

Bilder aus Worten

In Gedichten wird ein Teil der Welt genau betrachtet. Den Sprecher des Gedichts nennt man lyrisches Ich oder lyrischen Sprecher.
Besondere Gestaltungsmittel helfen, Bilder aus Worten zu malen.

Ein einfaches sprachliches **Bild** gibt menschliche Erfahrungen, Gefühle oder Gedanken wieder, die manchmal nur für unser »inneres Auge« vorstellbar sind.

Bei der **Personifizierung** werden Naturerscheinungen oder Gegenstände vermenschlicht, sie verhalten sich also wie Menschen.

Ein **Vergleich** verbindet Wörter oder Wortgruppen mit »wie« oder »als (ob)«, um etwas miteinander zu vergleichen und dadurch deutlicher zu machen.

Bei der **Metapher** werden Wörter zusammengefügt, die zu verschiedenen Bedeutungsbereichen gehören. Dadurch entsteht eine neue Bedeutung:
Blätter (Baum) + Dach (Haus) = Blätterdach.

Theodor Fontane

Mittag

Am Waldessaume träumt die Föhre,
Am Himmel weiße Wölkchen nur.
Es ist so still, dass **ich** sie *höre*,
Die tiefe Stille der Natur.

Rings Sonnenschein auf Wies' und Wegen,
Die Wipfel stumm, kein Lüftchen wach,
Und doch, es klingt, als ström ein Regen
Leis tönend auf das Blätterdach.

1 Lies die Erklärung der sprachlichen Gestaltungsmittel und das Gedicht.

2 Erkläre mit eigenen Worten, wie du die im Gedicht markierten sprachlichen Gestaltungsmittel verstehst.

Heinrich Heine

Verdrossen

Verdrossnen Sinn im kalten Herzen hegend,
Reis ich verdrießlich durch die kalte Welt,
Zu Ende geht der Herbst, ein Nebel hält
Feucht eingehüllt die abgestorbne Gegend.

Die Winde pfeifen, hin und her bewegend
Das rote Laub, das von den Bäumen fällt,
Es seufzt der Wald, es dampft das kahle Feld,
Nun kommt das Schlimmste noch, es regent.

1. Ordne die unterstrichenen Wörter und Wortgruppen den sprachlichen Gestaltungsmitteln auf S. 58 zu.

2. Sucht in Heines Gedicht weitere Beispiele für die Gestaltungsmittel und erläutert ihre Bedeutung.

3. Beschreibe die Stimmung des Gedichts und erkläre, welchen Beitrag die sprachlichen Gestaltungsmittel dazu leisten.

Theodor Storm

Die Stadt

Am grauen Strand, am grauen Meer
Und seitab liegt die Stadt;
Der Nebel drückt die Dächer schwer,
Und durch die Stille braust das Meer
Eintönig um die Stadt.

Es rauscht kein Wald, es schlägt im Mai
Kein Vogel ohn Unterlass;
Die Wandergans mit hartem Schrei
Nur fliegt in Herbstesnacht vorbei,
Am Strande weht das Gras.

Doch hängt mein ganzes Herz an dir,
Du graue Stadt am Meer;
Der Jugend Zauber für und für
Ruht lächelnd doch auf dir, auf dir,
Du graue Stadt am Meer.

1 Trage zusammen, welche Dinge das lyrische Ich aufzählt, die es in der grauen Stadt nicht gibt.

2 Überlegt, warum das lyrische Ich trotzdem an der Stadt hängt, obwohl sie doch so grau ist.

3 Suche aus dem Gedicht die sprachlichen Bilder heraus.

4 Schreibe ein Parallelgedicht über den Ort, an dem du lebst.

Erich Kästner

Die Wälder schweigen

Die Jahreszeiten wandern durch die Wälder.
Man sieht es nicht. Man liest es nur im Blatt.
Die Jahreszeiten strolchen durch die Felder.
Man zählt die Tage. Und man zählt die Gelder.
Man sehnt sich fort aus dem Geschrei der Stadt.

Das Dächermeer schlägt ziegelrote Wellen.
Die Luft ist dick und wie aus grauem Tuch.
Man träumt von Äckern und von Pferdeställen.
Man träumt von grünen Teichen und Forellen.
Und möchte in die Stille zu Besuch.

Die Seele wird vom Pflastertreten krumm.
Mit Bäumen kann man wie mit Brüdern reden
und tauscht bei ihnen seine Seele um.
Die Wälder schweigen. Doch sie sind nicht stumm.
Und wer auch kommen mag, sie trösten jeden.

Man flieht aus den Büros und den Fabriken.
Wohin, ist gleich! Die Erde ist ja rund!
Dort, wo die Gräser wie Bekannte nicken
und wo die Spinnen seidne Strümpfe stricken,
wird man gesund.

1 Notiere, was über das Leben in der Stadt und in der ländlichen Natur ausgesagt wird. Welche Unterschiede stellst du fest?

2 Sucht je ein Beispiel für die Gestaltungsmittel *Personifizierung*, *Vergleich* und *Metapher* und überlegt, welche Wirkung sie auf euch haben.

3 Erkläre, wie du den Schluss des Gedichts verstehst.

1 Lies die Gedichte über die vier Jahreszeiten.

Heinrich Heine

Leise zieht durch mein Gemüt

Leise zieht durch mein Gemüt
Liebliches Geläute.
Klinge, kleines Frühlingslied,
Kling hinaus ins Weite!

Kling hinaus bis an das Haus,
Wo die Blumen sprießen;
Wenn du eine Rose schaust,
Sag, ich lass sie grüßen.

Sarah Kirsch

Im Sommer

Dünnbesiedelt das Land.
Trotz riesiger Felder und Maschinen
Liegen die Dörfer schläfrig
In Buchsbaumgärten; die Katzen
Trifft selten ein Steinwurf.

Im August fallen Sterne.
Im September bläst man die Jagd an.
Noch fliegt die Graugans, spaziert der Storch
Durch unvergiftete Wiesen. Ach, die Wolken
Wie Berge fliegen sie über die Wälder.

Wenn man hier keine Zeitung hält
Ist die Welt in Ordnung.
In Pflaumenmuskesseln
Spiegelt sich schön das eigne Gesicht und
Feuerrot leuchten die Felder. R

Friedrich Hebbel

Herbstbild

Dies ist ein Herbsttag, wie ich keinen sah!
Die Luft ist still, als atmete man kaum,
Und dennoch fallen raschelnd, fern und nah,
Die schönsten Früchte ab von jedem Baum.

O stört sie nicht, die Feier der Natur!
Dies ist die Lese[1], die sie selber hält,
Denn heute löst sich von den Zweigen nur,
Was vor dem milden Strahl der Sonne fällt.

1 Ernte, besonders von Wein (Weinlese)

Joseph von Eichendorff

Winternacht

Verschneit liegt rings die ganze Welt,
Ich hab' nichts, was mich freuet,
Verlassen steht der Baum im Feld,
Hat längst sein Laub verstreuet.

Der Wind nur geht bei stiller Nacht
Und rüttelt an dem Baume,
Da rührt er seinen Wipfel sacht
Und redet wie im Traume.

Er träumt von künft'ger Frühlingszeit,
Von Grün und Quellenrauschen,
Wo er im neuen Blütenkleid
Zu Gottes Lob wird rauschen.

2 Stellt eins der Gedichte auf einem Plakat vor. Geht auf Folgendes ein: Was wird über die Jahreszeit gesagt? Was drückt das lyrische Ich aus? In welcher Form wurde das Gedicht verfasst? Sucht besondere Gestaltungsmittel heraus.

Hans Manz

Frühling

Die Knospen knospen und sind schon wach,
die Keime keimen noch schüchtern und schwach,
die Weiden weiden das Gras ab am Bach.

Die Bäume baumeln (das ist ihre Pflicht),
die Sträucher straucheln im Dämmerlicht,
die Stämme stammeln ein Frühlingsgedicht.

Die Hecke heckt neue Streiche aus,
der Rasen rast wie rasend ums Haus,
der Krokus kroküsst die Haselmaus.

Die Drossel erdrosselt den Regenwurm,
das Rebschoss[1] erschoss nachts die Reblaus im Turm,
drum erlaubt sich das Laub ein Tänzchen im Sturm.

Es himmelt der Himmel ein Wölklein an,
es windet der Wind sich durch Löwenzahn,
und bereits blättern Blätter im Sommerfahrplan.

1 junger Trieb vom Weinstock

1. Vergleiche in jeder Verszeile Subjekt und Prädikat: Welche Gemeinsamkeiten kannst du erkennen?

2. Untersucht die sprachlichen Bilder. Welche Wortgruppen sind nicht nur ein witziges Sprachspiel, sondern haben einen wahren Kern?

3. Trage das Gedicht so vor, dass die Zuhörer Spaß an den Wortspielen haben.

4. Wählt eine oder mehrere Personifizierungen aus und versucht, sie bildlich darzustellen.

Gerhard Rühm

naturbeschreibung

die wolken ziehen sich in falten
die blumen erbleichen
die wiesen wenden sich ab
die wege verkriechen sich
die steine starren vor sich hin
die berge versinken in schweigen
die täler erschauern
ein windstoss entringt sich den lüften
die flüsse treten aus den ufern
die büsche raufen sich die blätter
die bäume schlagen die äste über den wipfeln zusammen

die erde taumelt in die nacht

1. Bestimme, um welche sprachlichen Bilder es sich bei diesen Naturbeschreibungen handelt.

2. Beschreibe, welche Bilder beim Lesen in deinem Kopf entstehen.

3. Sucht Erklärungen für das beschriebene Verhalten der Natur. Was könnte der Grund dafür sein?

4. Schreibe ein Parallelgedicht darüber, wie die Natur am Morgen erwacht.

1 Lies die folgenden drei Gedichte. Beschreibe, wo sich das lyrische Ich jeweils befindet und was es sieht.

Fredrik Vahle

Loch in der Landschaft oder Trauriger Augenblick durch die Zeitlupe betrachtet

Ein Mann ging durch die Bäume,
sein Hund lief hinterher.
Die Bäume –
abgehauen.
Jetzt geht da gar nichts mehr.

Hans-Ulrich Treichel

Alles vergeht

Das bisschen Himmel
wird auch immer kleiner.
Die Spatzen merken noch nichts.
Aber ich schaue nicht mehr
nach oben.
Alles vergeht.
Vielleicht überleben die Autos.
Oder der Stacheldraht.
Nein, die Saurier fehlen mir nicht.
Obwohl ich manchmal
noch von Bäumen träume:
Große dunkle Wesen
aus Holz.

Günter Kunert

Wohnen auf dem Lande

Über die Natur gibt es ja
nicht mehr viel zu sagen:
Jeden Morgen um neun
erscheinen drei Rehe
in Blickweite: Eine Weile
sehe ich ihnen durchs Fenster zu
bevor ich abschalte

2 Notiert zu jedem Gedicht, wie die Beziehung zwischen Mensch und Natur beschrieben wird.

3 Wie sieht dein Leben mit der Natur aus? Notiere in einem Brainstorming zuerst alle Wörter, die dir dazu einfallen. Schreibe dann daraus ein Gedicht.

Klaus Kordon

Biologie

Dieser Baum ist knorrig,
weil er alt ist.
Er ist verzweigt,
weil er viel erlebt hat.
Er ist nicht schön,
aber in seinen Zweigen
ist ein Nest.

Abraham Emanuel Fröhlich

Die Nützlichen

»Unkraut seid ihr«, sprachen Ähren
Zu der Korn- und Feuerblume;
»Und ihr dürft euch, vermessen
Selbst von unserm Boden nähren?«

»Wir sind freilich nicht zu essen,
Wenn das einzig hilft zu Ruhme«,
Sagten diese Wohlgemuten,
»Aber wir erblühn hieneben,
Euer Einerlei, ihr Guten,
Mannigfarbig zu beleben.«

1 Beschreibe mit eigenen Worten, was über den Baum in Kordons Gedicht gesagt wird.

2 Tragt zusammen, welchen Nutzen die Ähren auf der einen und die Korn- und Feuerblume auf der anderen Seite haben.

3 Das Gedicht »Die Nützlichen« ist eine Fabel. Schreibe eine Fortsetzung, in der eine Lehre zum Ausdruck kommt.

Kapitel 4

Wenn jemand eine Reise tut, so kann er was erzählen

1. Bringe Urlaubspostkarten mit, die bei euch zu Hause angekommen sind. Wovon berichtet die Schreiberin / der Schreiber?

2. Stelle dir vor, du wärst am Ort deiner Träume. Das kann ganz fern, aber auch ganz nah sein. Gestalte deine eigene Postkarte und schreibe sie an eine Person, die dir sehr nah ist.

1 Tragt zusammen, was ihr bereits über Fabeln wisst.

2 Lies den ersten Text halblaut und versuche, den Inhalt zu verstehen. Beachte, dass das *v* wie ein *u* gesprochen wird. Die Schrägstriche helfen dir beim Vorlesen. Sie wurden zu Luthers Zeiten üblicherweise gesetzt und gliederten den Satz in Einheiten, die das Lesen erleichterten.

Martin Luther

Vom Wolff vnd Lemlin

EJn Wolff vnd Lemlin kamen on gefehr beide / an einen Bach zu trincken. Der Wolff tranck oben am Bach / das Lemlin aber / fern vnten. Da der Wolff des Lemlins gewar ward / lieff er zu jm / vnd sprach / Warumb trůbestu mir das Wasser / das ich nicht trincken kan? Das Lemlin antwortet / Wie kan ich dirs Wasser trůben / trinckestu doch vber mir / vnd moͦchtest es mir wol trůben? Der Wolff sprach / Wie? Fluchstu mir noch dazu? Das Lemlin antwortet / Jch fluche dir nicht. Der Wolff sprach / Ja dein Vater thet mir fůr sechs Monden auch ein solchs. Du wilt dich Vetern. Das Lemlin antwortet / Bin ich doch dazumal nicht geborn gewest / wie sol ich meins Vaters entgelten? Der Wolff sprach / So hastu mir aber mein Wiesen vnd Ecker abgenaget vnd verderbet. Das Lemlin antwortet / Wie ist das můglich, hab ich doch noch keine Zeene? Ey sprach der Wolff / vnd wenn du gleich viel ausreden vnd schwetzen kanst / wil ich dennoch heint nicht vngefressen bleiben / vnd wůrget also das unschůldig Lemlin / vnd frass es.

Lere.

DEr Welt lauff ist / wer Frum sein wil / der mus leiden / solt man eine Sache vom alten Zaun brechen / Denn Gewalt gehet fůr Recht / Wenn man dem Hunde zu wil / so hat er das Ledder gefressen. Wenn der Wolff will / so ist das Lamb vnrecht.

3 Erschließe, welche Bedeutung die folgenden Wörter haben: *Lemlin, thet, Zeene, Lere.* Schreibe die Wörter in der heutigen Rechtschreibung auf.

4 Lies nun die Fabel in der neueren sprachlichen Variante auf der nächsten Seite.

Martin Luther

Wolf und Lämmlein

Ein Wolf und ein Lämmlein trafen sich zufällig an einem Bach, um zu trinken. Der Wolf trank oben am Bach, das Lämmlein aber weit entfernt unten. Als der Wolf das Lämmlein sah, lief er zu ihm und sprach: »Warum trübst du mir das Wasser, dass ich nicht trinken kann?« Das Lämmlein antwortete: »Wie kann ich dir das Wasser trüben? Du trinkst doch oberhalb und könntest es mir eher trüben.« Da sprach der Wolf: »Wie, beleidigst du mich auch noch?« Das Lämmlein antwortete: »Ich beleidige dich nicht.« Daraufhin sagte der Wolf: »Dein Vater hat das vor sechs Monaten ebenfalls getan, und du willst dich als Vater zeigen.« Das Lämmlein antwortete: »Damals war ich noch nicht geboren. Warum soll ich für meinen Vater büßen?« Da sprach der Wolf: »Du hast mir aber meine Wiesen und Äcker abgenagt und verdorben.« Das Lämmlein antwortete ihm: »Wie kann das möglich sein, da ich doch noch keine Zähne habe?« – »Nun gut«, sagte der Wolf, »auch wenn du gut begründen und reden kannst, werde ich doch heute nicht ohne Fressen bleiben.« Und er würgte das unschuldige Lämmlein und fraß es auf.

Lehre: So ist der Lauf der Welt. Wer fromm sein will, muss leiden, wenn einer Streit sucht. Denn Gewalt steht über dem Recht. Wenn man dem Hund übel will, hat er das Leder gefressen. Wenn der Wolf es so will, ist das Lamm im Unrecht.

5 Worin unterscheiden sich beide Texte? Notiert fünf Beispiele für die alte und die neue Schreibweise in Form einer Tabelle.

Eine Mindmap erstellen

Mithilfe einer Mindmap kannst du übersichtlich Lernstoff sortieren, einen Kurzvortrag vorbereiten, ein Vorhaben planen u.v.m. Im Unterschied zu Listen mit Begriffen ist die Mindmap eine Kombination aus Schrift und Bild. Man bezeichnet sie daher auch als »Gedankenlandkarte«. Um eine Mindmap zu erstellen, musst du kein Künstler sein, sondern folgende Regeln beachten.

1. Verwende ein unliniertes oder kariertes Blatt im Querformat.
2. Schreibe das zentrale Thema in einen Kreis oder Kasten in die Mitte. Nutze beim Schreiben Druckbuchstaben.
3. Hauptideen, Fragen oder Schlüsselwörter schreibst du auf dicke und farbig unterschiedlich gezeichnete Hauptäste (»Hauptstraßen«), die vom Thema abgehen.
4. Von ihnen zweigen nun Teilfragen oder Teillösungen ab, also die »Nebenstraßen«. Diese werden in derselben Farbe gezeichnet, aber dünner.
5. Immer, wenn dir noch etwas einfällt, kannst du die Idee an den jeweiligen Haupt- oder Nebenästen anfügen. Vermeide es aber, senkrechte Äste anzulegen und »kopfüber« zu schreiben.
6. Zeichne Bilder oder Symbole ein, um dir den Inhalt besser einzuprägen.

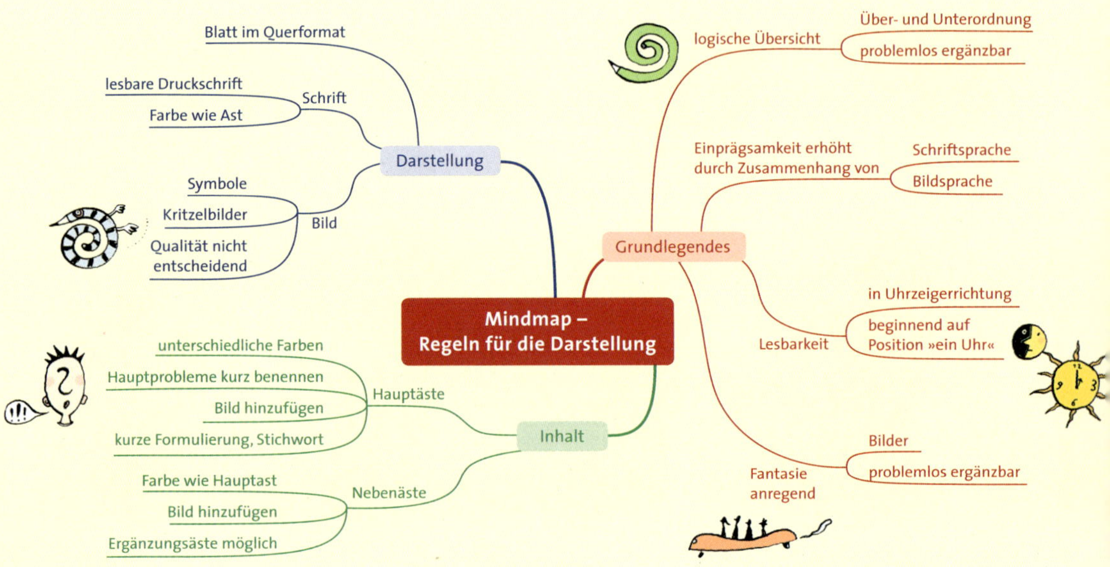

1 Erstellt eine Mindmap zum Thema »Klassenfahrt«. Beachtet Reiseziel, Termin, geplante Unternehmungen usw.

In der Kürze liegt die Würze – Witze erzählen

Im Geografieunterricht fordert der Lehrer Anne auf, an die Karte zu kommen. »Zeige mir den Kontinent Amerika!« Das Mädchen kommt nach vorn und findet tatsächlich Amerika.

»Und? Wer hat Amerika entdeckt?«, fragt der Lehrer.

»Anne!«, ruft die Klasse im Chor.

Mann Wat schreibst du denn Ansichtskarten an unsere Nachbarin? Mit der bist du doch böse!

Frau Die soll sich ärjern, det wir uff Mallorka sind!

Im Physikunterricht sagt der Lehrer zu Leon: »Beweise, dass die Erde rund ist und sich um ihre eigene Achse dreht.«
Leon antwortet trotzig: »Aber das habe ich doch nie behauptet!«

1. Lies die Witze. Welcher gefällt dir am besten? Begründe.

2. Schlage im Merkwissen (ab S. 151) nach, wie die Textsorte *Witz* beschrieben wird.

3. Manchmal heißt es: »Darüber macht man keine Witze!« Überlegt Themen oder Inhalte, über die man keine Witze macht, und begründet, warum.

4. Schreibe zu der folgenden Illustration einen Witz.

Unglaublich, aber wahr?! – Anekdoten

1 Schlage im Merkwissen (ab S. 151) die Merkmale der Anekdote nach.

2 Lies die drei kurzen Anekdoten auf dieser Seite und überlege, welche Haupteigenschaft der berühmten Persönlichkeiten hier jeweils beschrieben wird.

Der englische Buchautor und Journalist Gilbert Keith Chesterton vergaß häufig, wohin er wollte, und verpasste den Zug, der ihn dorthin bringen sollte. So schickte er einmal ein Telegramm an seine Frau: »Bin in Market Harborough. Wo sollte ich sein?« Seine Frau antwortete: »Zu Hause.«

Als sich Mark Twain auf einer Vortragstournee durch Europa befand, verbreitete sich das Gerücht, er sei plötzlich gestorben. Mark Twain kabelte daraufhin die folgende Richtigstellung nach Amerika: »Nachricht von meinem Tode stark übertrieben.«

Als Goethe im Februar 1784 die Ilmenauer Bergwerke wieder eröffnete, blieb er in der Rede stecken. Bei dem nachfolgenden Bankett konnte ein dem Dichter übel gesinnter Kammerherr sich die Bemerkung nicht verkneifen, das müsse doch ein für den Redner schrecklicher Zustand gewesen sein.

»Das stimmt«, pflichtete Goethe ihm bei, »ich fühlte eine so völlige Leere in meinem Kopf, dass ich allen Ernstes glaubte, ich sei ein Kammerherr.«

3 Bei den früher mündlich überlieferten Anekdoten bleibt meist offen, ob sie wahr sind oder erfunden. Tauscht euch darüber aus, wie wichtig die Frage nach der Wahrheit ist.

1 Lies die folgende Anekdote und gib ihren Inhalt mit eigenen Worten wieder. Welche List hat der Graf angewandt und was bezweckte er damit?

Kurt Tucholsky

Der Floh

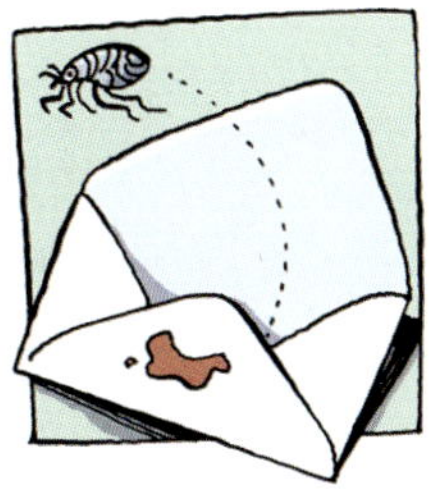

Im Departement du Gard – ganz richtig, da, wo Nîmes liegt und der Pont du Gard: im südlichen Frankreich – da saß in einem Postbüro ein älteres Fräulein als Beamtin, die hatte eine böse Angewohnheit: sie machte ein bißchen die Briefe auf und las sie. Das wußte alle Welt. Aber wie das so in Frankreich geht: Concierge, Telefon und Post, das sind geheiligte Institutionen, und daran kann man schon rühren, aber daran darf man nicht rühren, und so tut es denn auch keiner.

Das Fräulein also las die Briefe und bereitete mit ihren Indiskretionen den Leuten manchen Kummer.

Im Departement wohnte auf einem schönen Schlosse ein kluger Graf. Grafen sind manchmal klug, in Frankreich. Und dieser Graf tat eines Tages folgendes:

Er bestellte sich einen Gerichtsvollzieher auf das Schloß und schrieb in seiner Gegenwart an einen Freund:

Lieber Freund!
Da ich weiß, daß das Postfräulein Emilie Dupont dauernd unsre Briefe öffnet und sie liest, weil sie vor lauter Neugier platzt, so sende ich Dir anliegend, um ihr einmal das Handwerk zu legen, einen lebendigen Floh.
Mit vielen schönen Grüßen *Graf Koks*

Und diesen Brief verschloß er in Gegenwart des Gerichtsvollziehers. Er legte aber keinen Floh hinein.

Als der Brief ankam, war einer drin. R

2 Erläutere, was man unter dem Begriff *Briefgeheimnis* versteht.

3 *Graf Koks* – ein lustiger Name. Doch für welche Menschen wird dieser Ausdruck verwendet? Schlage im Lexikon nach oder recherchiere im Internet.

Fachübergreifendes

Kalendergeschichten

Kalender sind nützliche Begleiter, wenn es um die Planung wichtiger Termine geht. Man benutzt sie, wenn man wissen will, wann die Ferien beginnen, oder wenn man den Geburtstag der Oma nicht vergessen möchte. Die gebräuchlichsten Formen sind heute die Wand-, Abreiß-, Büro- und Taschenkalender. Neben der Einteilung des Jahreskalenders in Monate, Wochen und Tage findet man insbesondere bei Wandkalendern oft eine bildliche Gestaltung mit Illustrationen und Fotos, aber auch mit Texten. Da gibt es beispielsweise Koch-, Fußball-, Garten- und Lyrikkalender.

Seit der Erfindung des Buchdrucks durch Gutenberg waren Kalender nicht mehr nur Zeitanzeiger, sondern dienten durch die Bilder dem Schmuck von Räumen und durch die Texte der Unterhaltung.

Wenn man heute von »Kalendergeschichten« spricht, dann ist damit eine literarische Gattung gemeint, deren kurze Texte ursprünglich in diesen Kalendern erschienen. Die Menschen, zunächst vorrangig Bürger, Bauern und Arbeiter, bekamen so praktische Hinweise zur religiösen oder familiären Lebensgestaltung, aber auch Gesundheitsregeln und Rezepte. Zunehmend wurden auch kurze, volkstümliche und oft realitätsbezogene Geschichten angeboten, die reich bebildert, oft unterhaltend und stets erzieherisch orientiert waren.

In der »Kalendergeschichte« findet man Elemente von Anekdote, Schwank, Legende, Sage, Tatsachenbericht und Satire in jeweils unterschiedlicher Gewichtung. Die Themen waren Heimatglück, Familienidylle, Heimatverlust und Familientragik.

Später erschienen diese Geschichten unabhängig von der Kalenderform in Sammelbänden. Erst im 20. Jahrhundert wurden die Kalendergeschichten zu einer selbstständigen Kunstform: z. B. Bertolt Brechts Keuner-Geschichten oder Erwin Strittmatters Dorfgeschichten.

1 Trage aus dem Text die Merkmale der Kalendergeschichte zusammen.

2 Informiert euch darüber, was heute auf Kalendern steht.

Johann Peter Hebel

Seltsamer Spazierritt

Ein Mann reitet auf seinem Esel nach Haus und lässt seinen Buben zu Fuß nebenherlaufen. Kommt ein Wanderer und sagt: »Das ist nicht recht, Vater, dass Ihr reitet und lasst Euern Sohn laufen; Ihr habt stärkere Glieder.«

Da stieg der Vater vom Esel herab und ließ den Sohn reiten. Kommt wieder ein Wandersmann und sagt: »Das ist nicht recht, Bursche, dass du reitest und lässest deinen Vater zu Fuß gehen. Du hast jüngere Beine.«

Da saßen beide auf und ritten eine Strecke. Kommt ein dritter Wandersmann und sagt: »Was ist das für ein Unverstand: Zwei Kerle auf einem schwachen Tiere; sollte man nicht einen Stock nehmen und euch beide hinabjagen?«

Da stiegen beide ab und gingen selbdritt zu Fuß, rechts und links der Vater und Sohn und in der Mitte der Esel. Kommt ein vierter Wandersmann und sagt: »Ihr seid drei kuriose Gesellen. Ist's nicht genug, wenn zwei zu Fuß gehen? Geht's nicht leichter, wenn einer von euch reitet?«

Da band der Vater dem Esel die vordern Beine zusammen und der Sohn band ihm die hintern Beine zusammen, zogen einen starken Baumpfahl durch, der an der Straße stand, und trugen den Esel auf der Achsel heim.

So weit kann's kommen, wenn man es allen Leuten recht machen will.

Kalender aus Hebels Zeiten

1. Erkläre mit eigenen Worten, worin die überraschende Wendung (die Pointe) der Kalendergeschichte besteht.

2. Nenne zu der dargestellten Situation ein passendes Sprichwort.

3. Welchen Vorschlag würdet ihr Vater und Sohn machen? Spielt ihn der Klasse vor.

4. Zeichnet einen Comic zu der Geschichte.

Johann Peter Hebel

Der Barbierjunge von Segringen

Man muss Gott nicht versuchen, aber auch die Menschen nicht. Denn im vorigen Spätjahr kam in dem Wirtshaus zu Segringen ein Fremder von der Armee an, der einen starken Bart hatte und fast wunderlich aussah, also, dass ihm nicht recht zu trauen war. Der sagt zum Wirt, eh' er etwas zu essen oder zu trinken fordert: »Habt Ihr keinen Barbier im Ort, der mich rasieren kann?«

Der Wirt sagt ja und holt den Barbier. Zu dem sagt der Fremde: »Ihr sollt mir den Bart abnehmen, aber ich habe eine kitzlige Haut. Wenn Ihr mich nicht ins Gesicht schneidet, so bezahl' ich Euch vier Kronentaler. Wenn Ihr mich aber schneidet, so stech' ich Euch tot. Ihr wäret nicht der Erste.«

Wie der erschrockene Mann das hörte (denn der fremde Herr machte ein Gesicht, als wenn es nicht vexiert[1] wäre, und das spitzige, kalte Eisen liegt auf dem Tisch), so springt er fort und schickt den Gesellen. Zu dem sagt der Herr das Nämliche. Wie der Gesell das Nämliche hört, springt er ebenfalls fort und schickt den Lehrjungen. Der Lehrjunge lässt sich blenden von dem Geld und denkt: Ich wag's. Gerät es und ich schneide ihn nicht, so kann ich mir für vier Kronentaler einen neuen Rock für die Kirchweih kaufen. Gerät's nicht, so weiß ich, was ich tu, und rasiert den Herrn.

Der Herr hält ruhig still, weiß nicht, in welcher entsetzlichen Todesgefahr er ist, und der verwegene Lehrjunge spaziert ihm auch ganz kaltblütig mit dem Messer im Gesicht und um die Nase herum, als wenn's nur um einen Sechser oder im Fall eines Schnittes um ein Stücklein Zunder oder Fließpapier darauf zu tun wäre und nicht um vier Kronentaler und um ein Leben, und bringt ihm glücklich den Bart aus

1 als wenn es kein Scherz wäre

dem Gesicht ohne Schnitt und ohne Blut und dachte doch, als er fertig war: Gottlob!

Als aber der Herr aufgestanden war und sich im Spiegel beschaut und abgetrocknet hatte und gibt dem Jungen die vier Kronentaler, sagt er zu ihm: »Aber, junger Mensch, wer hat dir den Mut gegeben, mich zu rasieren, so doch dein Herr und der Gesell sind fortgesprungen? Denn wenn du mich geschnitten hättest, so hätt' ich dich erstochen.«

Der Lehrjunge aber bedankte sich lächelnd für das schöne Stück Geld und sagte: »Gnädiger Herr, Ihr hättet mich nicht erstochen, sondern wenn Ihr gezuckt hättet und ich hätt' Euch ins Gesicht geschnitten, so wär' ich Euch zuvorgekommen, hätt' Euch augenblicklich die Gurgel abgehauen und wäre auf und davon gesprungen.«

Als der fremde Herr das hörte und an die Gefahr dachte, in der er gesessen war, ward er erst blass vor Schrecken und Todesangst, schenkte dem Burschen noch einen Kronentaler extra und hat seitdem zu keinem Barbier mehr gesagt: »Ich steche dich tot, wenn du mich schneidest.«

1 Warum wird der fremde Herr niemals mehr den letzten Satz sagen? Antworte schriftlich in Sätzen.

2 Formuliere aus der Kalendergeschichte eine Zeitungsmeldung. Achte dabei darauf, Antwort auf die *W*-Fragen zu geben.

3 Diese unerhörte Begebenheit hat Adelbert von Chamisso für eine Ballade verwendet. Lies sie auf S. 126 nach und vergleiche sie mit der Kalendergeschichte.

Erwin Strittmatter

Das torkelnde Pferd

Zwei Tage tobte der Sturm durch den Wald. Er entwurzelte Bäume und bestreute den Waldboden mit heruntergerissenen Zweigspitzen. Die silbergraue Jungstute scheute vor Übermut. Sie wich allen grünen Zweigspitzen auf dem Wege aus, da es aber viele Zweigspitzen waren, denen sie auszuweichen trachtete, sah's aus, als ob ich betrunken einherritt. Die Radfahrer, die mir entgegenkamen, stutzten und lachten. »Nein, nein, ich bin nüchtern«, versicherte ich, doch sie glaubten mir nicht und brachten sich seitlich in Sicherheit. Das war mir peinlich, und ich ging zu Fuß. Aber so ist's, wenn man bedenkt und bedenkt, was so Leute von einem denken könnten: Ich kam zu spät an den See, zu den Fischern. Sie hatten ihren Fang schon gemacht. Und beinah hätt ich mich wieder entschuldigt: Ich hab's nicht verschlafen, denkt das nicht von mir!

Bertolt Brecht

Herr Keuner und die Flut

Herr Keuner ging durch ein Tal, als er plötzlich bemerkte, daß seine Füße in Wasser gingen. Da erkannte er, daß sein Tal in Wirklichkeit ein Meeresarm war und daß die Zeit der Flut herannahte. Er blieb sofort stehen, um sich nach einem Kahn umzusehen, und solange er auf einen Kahn hoffte, blieb er stehen. Als aber kein Kahn in Sicht kam, gab er diese Hoffnung auf und hoffte, daß das Wasser nicht mehr steigen möchte. Erst als ihm das Wasser bis ans Kinn ging, gab er auch diese Hoffnung auf und schwamm. Er hatte erkannt, dass er selber ein Kahn war. R

1. Vergleiche die beiden Geschichten miteinander.
   Welche Gemeinsamkeiten und welche Unterschiede gibt es?

2. Hier haben Irrtümer eine negative Auswirkung. Benenne diese.

Paul Maar

Der Mann, der nie zu spät kam

Ich will von einem Mann erzählen, der immer sehr pünktlich war. Er hieß Wilfried Kalk und war noch nie in seinem Leben zu spät gekommen. Nie zu spät in den Kindergarten, nie zu spät zur Schule, nie zu spät zur Arbeit, nie zu spät zum Zug. Der Mann war sehr stolz darauf.

Schon als Kind war Wilfried regelmäßig eine halbe Stunde vor dem Weckerklingeln aufgewacht. Wenn seine Mutter hereinkam, um ihn zu wecken, saß er angezogen in seinem Zimmer und sagte: »Guten Morgen, Mama. Wir müssen uns beeilen.«

Jeden Werktag, wenn der Hausmeister in der Frühe gähnend über den Schulhof schlurfte, um das große Schultor aufzuschließen, stand Wilfried bereits davor.

Andere Kinder spielten nach der Schule Fußball und schauten sich auf dem Heimweg die Schaufenster an. Das tat Wilfried nie. Er rannte sofort nach Hause, um nicht zu spät zum Essen zu kommen.

Später arbeitete Wilfried in einem großen Büro in der Nachbarstadt. Er musste mit dem Zug zur Arbeit fahren. Trotzdem kam er nie zu spät. Er nahm den frühesten Zug und stand immer zwanzig Minuten vor der Abfahrt auf dem richtigen Bahnsteig.

Kein Arbeitskollege konnte sich erinnern, dass er jemals ins Büro gekommen wäre und Wilfried Kalk nicht an seinem Schreibtisch gesessen hätte. Der Chef stellte ihn gern als gutes Beispiel hin.

»Die Pünktlichkeit von Herrn Kalk, die lobe ich mir«, sagte er. »Da könnte sich mancher hier eine Scheibe abschneiden.«

Deswegen sagten die Arbeitskollegen oft zu Wilfried: »Könntest du nicht wenigstens einmal zu spät kommen? Nur ein einziges Mal?«

Aber Wilfried schüttelte den Kopf und sagte: »Ich sehe nicht ein, welchen Vorteil es bringen soll, zu spät zu kommen. Ich bin mein ganzes Leben lang pünktlich gewesen.«

Wilfried verabredete sich nie mit anderen und ging nie zu einer Versammlung. »Das alles sind Gelegenheiten, bei denen man zu spät kommen könnte«, erklärte er. »Und Gefahren soll man meiden.«

Einmal glaubte ein Arbeitskollege, er habe Wilfried bei einer Unpünktlichkeit ertappt. Er saß im Kino und schaute sich die Sieben-Uhr-Vorstellung an. Da kam Wilfried während des Films herein und tastete sich im Dunkeln durch die Reihe.

»Hallo, Wilfried! Du kommst ja zu spät«, sagte der Arbeitskollege verwundert. Aber Wilfried schüttelte unwillig den Kopf und sagte: »Unsinn! Ich bin nur etwas früher gekommen, um rechtzeitig zur Neun-Uhr-Vorstellung hier zu sein.«

Ins Kino ging Wilfried sowieso sehr selten. Lieber saß er zu Hause im Sessel und studierte den Fahrplan. Er kannte nicht nur alle Ankunfts- und Abfahrtszeiten auswendig, sondern auch die Nummer der Züge und den richtigen Bahnsteig.

Als Wilfried fünfundzwanzig Jahre lang nie zu spät zur Arbeit gekommen war, veranstaltete der Chef ihm zu Ehren nach Dienstschluss eine Feier. Er öffnete eine Flasche Sekt und überreichte Wilfried eine Urkunde. Es war das erste Mal, dass Wilfried Alkohol trank. Schon nach einem Glas begann er zu singen. Nach dem zweiten Glas fing er an zu schwanken, und als der Chef ihm ein drittes Glas eingegossen hatte, mussten zwei Arbeitskollegen den völlig betrunkenen Wilfried heim- und ins Bett bringen.

Am nächsten Morgen wachte er nicht wie üblich eine halbe Stunde vor dem Weckerklingeln auf. Als der Wecker längst geläutet hatte, schlief er immer noch tief. Er erwachte erst, als ihm die Sonne ins Gesicht schien.

Entsetzt sprang er aus dem Bett, hastete zum Bahnhof. Die Bahnhofsuhr zeigte 9 Uhr 15. Viertel nach neun, und er saß noch nicht hinter seinem Schreibtisch! Was würden die Kollegen sagen? Was der Chef! »Herr Kalk, Sie kommen zu spät, nachdem wir Ihnen erst gestern eine Urkunde überreicht haben?!«

Kopflos rannte er den Bahnsteig entlang. In seiner Hast stolperte er über einen abgestellten Koffer, kam zu nahe an die Bahnsteigkante, trat ins Leere und stürzte hinunter auf die Schienen.

Noch während des Sturzes wusste er: Alles ist aus. Dies ist der Bahnsteig vier, folglich fährt hier in diesem Augenblick der 9-Uhr-16-Zug ein, Zugnummer 1072, planmäßige Weiterfahrt 9 Uhr 21. Ich bin tot!

Er wartete eine Weile, aber nichts geschah. Und da er offensichtlich immer noch lebte, stand er verdattert auf, kletterte auf den Bahnsteig zurück und suchte einen Bahnbeamten.

Als er ihn gefunden hatte, fragte er atemlos: »Der 9-Uhr-16! Was ist mit dem 9-Uhr-16-Zug?«

»Der hat sieben Minuten Verspätung«, sagte der Beamte im Vorbeigehen.

»Verspätung«, wiederholte Wilfried und nickte begreifend. An diesem Tag ging Wilfried überhaupt nicht ins Büro. Am nächsten Morgen kam er erst um zehn Uhr und am übernächsten um halb zwölf. »Sind Sie krank, Herr Kalk?«, fragte der Chef erstaunt. »Nein«, sagte Wilfried. »Ich habe inzwischen nur festgestellt, dass Verspätungen manchmal recht nützlich sein können.«

1 Wie stellst du dir Wilfried Kalk vor? Beschreibe oder zeichne ihn.

2 Beschreibe die besondere Eigenschaft von Wilfried Kalk.

3 Welche Situation verändert ihn nachhaltig und woran wird das deutlich? Suche Belege dafür im Text.

Ottokar Domma (eigentlich Otto Häuser) schuf die Figur des 12-jährigen Ottokars, der mit Witz und Augenzwinkern vom Alltag in der DDR erzählt. Die folgende Geschichte stammt aus dem Band »Ottokar, das Früchtchen«.

Ottokar Domma

Unsere Seereise

In diesem Sommer bekamen meine Eltern einen Ferienscheck für die Ostsee. Als mein Vater mit dem wertvollen Papierchen nach Hause kam, mussten es erst einmal alle ansehen und anfassen, ob es auch echt ist, und man sollte nicht glauben, wie so ein Papierchen zur Unterhaltung beiträgt. Mein Vater sah sich schon aalen und braten und roch schon die Luft und hörte die Wellen brausen, auch wusste er, dass Seewasser salzig ist. Meine Mutter sprach dazu ja und schön, und sie weiß noch nicht, was sie anziehen soll. [...] Meine Schwester lag schon schnarchend im Bett, deshalb fragte ich für sie mit, ob es Muscheln gibt und ob wir eine Seefahrt machen und dass ich einen Schnorchel brauche. Die Eltern sagten zu allem ja und schauten mich gütig an, aber nicht zu lange; denn dann hieß es gleich, das kommt darauf an, wie ich mich verhalte. Und sie zählten auf, was dazugehört.

Ich dachte bei mir, so ist es in der Welt. Die Erwachsenen dürfen froh von der Zukunft spinnen, und ihre Kinder müssen immer daran denken, wie sie sitzen, gehen, essen, höflich und bis dahin fleißig sein müssen, und wenn ich mich nicht zusammenreiße, ist Sense. Aber es war nicht Sense, und wir fuhren doch mit. Nach ein paar Stunden kamen wir an, der Ort hieß Seebad Binz. Als wir aus dem Zug ausgestiegen waren, schnupperte mein Vater und rief, es riecht nach See. Meine Mutter roch es auch gleich. Aber es war gar nicht die See, sondern es stank nach dem Qualm der kleinen Lokomotive. Ich gab zu, dass es riecht; weil man den Eltern nicht gleich die Freude verderben will. Auch nahm ich meiner ächzenden Schwester den Rucksack ab; denn sie ist ja noch ein Kind erster Klasse.

Wie wir durch den Ort gingen, begegneten uns viele leicht angezogene Menschen. Meine Eltern sagten sich immer gegenseitig, wie braun die meisten schon sind, und bei den leichten Mädchen musste mein Vater manchmal hinterhergucken, ob es auch stimmt. [...] Wir gingen dann einen schönen Weg am Meer entlang. Der Vater lehrte uns, dass dieser Weg nur für Fußgänger bestimmt ist und deshalb Promenade heißt. Nachdem wir vielleicht zweihundert Meter promeniert sind, wichen wir ab und betraten ein schönes weißes Haus, nämlich das Ferienheim. Es dauerte bloß eine halbe Stunde, bis wir in ein Zimmer durften. Die Heimleiterin war eine freundliche Frau und strich uns Kindern gleich übern Kopf. Das ist ein gutes Zeichen für Kinderliebhaberei. Im Zimmer gefiel mir am besten das Doppelstockbett, besonders das obere. Und meine Schwester musste einsehen, dass ich der Stärkere bin. Aber meine Eltern sahen das nicht ein und setzten mich zur Strafe wieder runter. Mein Vater sagte, wir müssen uns beeilen, es gibt noch Essen. Vater und ich waren die Schnellsten beim Umziehen, wogegen meine Mutter erst allerlei probierte und fragte, ob es richtig ist. Wir sagten immer ja, aber sie glaubte es nicht. Endlich hatte sie das Richtige gefunden, und mit diesem Aufzug kam sie mit in den Speisesaal.

Im Speisesaal wurden wir gezählt und durften an einem Tisch mit sechs Personen teilnehmen, und wir sollen uns die Nummer merken. Am Tisch saßen schon ein Herr mit Bart und eine mittelalterliche Frau. Sie nickten wie Könige im Märchenfilm und sagten bitte. Als ich mich setzte, wischte meine Mutter schnell mit einem duftenden Taschentuch an meinem Ohr rum und flüsterte, man muss sich schämen. Aber mein Vater schämte sich nicht, sondern las die Speisen. Als dieselben kamen, war mir schon wohler. Das Fleisch war nicht schlecht. Mich ärgerte bloß die Frau an unserem Tisch, welche andauernd auf meinen Mund sah, und ich kann Kiebitze für mein Leben nicht leiden. Als ich eine Schwarte rauszog und wieder auf den Teller legte, guckte die Frau nicht mehr zu mir, sondern zu meiner Mutter. Die Frau aß nachher noch ein Stück Torte, und ich nahm mir vor, ihr auch in den Mund zu schauen, und zwar intensiver. Es gelang. Sie gab es mit mir auf und saß zum Abendbrot mit ihrem Gatten schon an einem anderen Tisch. [...]

Wir lagen danach die ganzen Tage entweder am Strand oder spielten Ball oder badeten oder gingen spazieren, meistens zu einem steilen Berg am Meer. Mein Vater schaute oft durch sein Kampfgruppenfernglas und rief, dass er die Schiffe gut erkennen kann.

Aber wo er hinschaute, waren meistens keine Schiffe, sondern nackichte Menschen. Man nennt solche Stellen auch FKK, das kann heißen »für kleine Kinder« oder »für komische Kauze«, und es hat mir noch niemand erklärt.

Wenn das Wetter schlecht war, blieben wir im Heim und lasen und spielten oder mussten Ansichtskarten unterschreiben. Für die Ansichtskartenverschickung ist meine Mutter verantwortlich. Man schreibt dort meistens etwas über das Wetter, das Essen und die Umgebungen auf, und wenn wir so eine Karte zu Hause erhalten, machen wir uns nichts daraus. [...]

Die Zeit ist viel zu schnell um gewesen, und man lernte am Strand sehr viel, zum Beispiel Sprachen, am meisten Sächsisch und manchmal auch Hochdeutsch. In den ersten Tagen kennen sich die Menschen noch nicht, aber am letzten Tag sagen sie schon ihre Adressen, und sie wollen schreiben und sich einmal besuchen. Aber das sagen sie bloß aus Freundlichkeit. Bevor man die Ostsee verlässt, muss man noch Geschenke einkaufen, und zwar für die Kollegen, die Oma und die anderen Hinterbliebenen. Es gibt sehr schöne Geschenke mit allerlei Wappen, Möwen, Anker und Aufschriften. Ich kaufte für meinen Freund Harald ein grüßendes Fischbrettchen und eine Sparbüchse für meine Oma. Diese sieht aus wie ein Kutter mit Perlmuttsegeln und einem Schlitz, wo man Geld reinschmeißt. Ahoi!

1 Das ist eine Geschichte aus der DDR. Welche Begriffe kannst du nicht erklären? Notiere sie dir und frage deine Eltern oder Großeltern danach.

2 Was ist Ottokar für ein Junge? Beschreibe ihn.

3 Sucht heraus, was an dieser Reisebeschreibung lustig ist. Achtet dabei auch auf witzige Sprachspiele.

Kapitel 5

Vorhang auf – Wir spielen Theater

Blick in den Kostümfundus eines Theaters

1. Stelle dir vor, du befindest dich in einem riesigen Kostümfundus eines Theaters. Als was würdest du dich am liebsten verkleiden? Begründe deine Wahl.

2. Hast du selbst schon einmal in einem Theaterstück mitgewirkt? Wenn ja, berichte von deinen Erfahrungen.

Fachübergreifendes

Ein Blick hinter die Kulissen

In einem Theater arbeiten viele Menschen. Wir denken dabei natürlich zunächst einmal an die Schauspieler. Ihre Aufgabe ist es, in die jeweils erforderlichen Rollen eines Stückes zu schlüpfen und diese für das Publikum überzeugend darzustellen. Sie stehen bei jeder Aufführung live im Rampenlicht auf der Bühne. Doch damit so ein Theater funktioniert, sind noch sehr viel mehr Menschen nötig.

Da ist z. B. der Souffleur bzw. die Souffleuse. Sie lesen während der Aufführung die Rollen flüsternd mit, um den Schauspielern ihre Einsätze zu signalisieren bzw. um zu helfen, falls diese mal ihren Text vergessen haben. Sie sitzen in einem Souffleurkasten, der meist in die Bühne eingelassen und zu den Zuschauern hin geschlossen ist.

Die Maskenbildner schminken und frisieren die Schauspieler so, dass alles perfekt zu ihrer Rolle passt. Sie arbeiten mit speziellem Bühnen-Make-up, teilweise auch mit Modelliermasse, um beispielsweise Narben oder Wunden anzufertigen, sowie weiteren Hilfsmitteln, um Menschen äußerlich zu verändern (Buckel, falsche Bärte, Perücken, Glatzen).

Bei der Maskenbildnerin

Für die richtige Auswahl der zur jeweiligen Rolle passenden Kostüme sind die Kostümbildner zuständig. Nach ihren Entwürfen und Materialmustern werden die Kostüme zusammengestellt bzw. in der Kostümabteilung speziell angefertigt.

Ganz wichtig ist die Gestaltung der Bühne. Das ist die Aufgabe der Bühnenbildner. Das Bühnenbild – die Kulisse – kann eine bemalte Wand im Hintergrund sein, welche z. B. einen Wald oder eine Stadt darstellt. Gern werden zu diesem Zweck auch Bilder auf Vorhänge projiziert.

Hinzu kommen dann Außenwände von Gebäuden oder auch die vollständige Einrichtung eines Raumes. Dazu gehören Möbel, Teppiche, Geschirr, aber auch Waffen usw. Diese Dinge nennt man »Requisiten«, für deren Herstellung in der Regel eigene Werkstätten (Schlosserei, Tischlerei) vorhanden sind. Die für die Requisiten zuständigen Mitarbeiter sind die Requisiteure.

Um die Inszenierung eines Theaterstücks kümmert sich der Regisseur. Er bestimmt, wie ein Stück aufgeführt wird. In welcher Zeit soll es spielen? Wie soll das Bühnenbild sein – traditionell oder modern? Der Regisseur leitet auch die Proben und sorgt dafür, dass die Darsteller ihre Rollen überzeugend spielen. Er arbeitet dabei mit dem Dramaturgen zusammen, so nennt man den literarisch-künstlerischen Berater am Theater.

Arbeitsplatz eines Beleuchters

Dann ist da noch der Intendant, der Leiter eines staatlichen oder städtischen Theaters. Er legt gemeinsam mit dem Dramaturgen den Spielplan fest, das heißt die Auswahl der Stücke, die in seinem Theater aufgeführt werden sollen. Außerdem kümmert er sich um die Verwaltung des Theaters, also z. B. um Personalfragen, die Organisation und die Finanzierung.

Nicht zu vergessen sind letztendlich auch die vielen Techniker, Bühnenarbeiter, Beleuchter, Servicekräfte bis hin zu den freundlichen Platzanweisern. Sie alle tragen dazu bei, dass eine Theateraufführung reibungslos klappt und sich das Publikum rundum wohlfühlt.

1 Schreibe die verschiedenen Berufe, die in einem Theater ausgeübt werden, mit ihren jeweiligen Aufgaben heraus.

2 Tauscht euch darüber aus, was das Besondere am Beruf eines Schauspielers ist. Haltet eure Gedanken stichpunktartig fest.

Blackouts – Spielspaß für jedermann

Der **Blackout**, die kürzeste Theaterform, besteht aus einer unerwarteten und überraschenden Pointe, ähnlich dem Witz. Blackouts können ohne Kulisse in einem beliebigen Raum gespielt werden. Requisiten werden lediglich andeutungsweise benötigt (z.B. eine Kittelschürze für die tratschende Hausfrau, Hut und Stock für den älteren Herrn usw.). Im Augenblick der Pointe wird ein Scheinwerfer blitzschnell abgeschaltet – ein Gong oder zwei aufeinandergeknallte Topfdeckel genügen zu diesem Zweck ebenfalls. Blackouts lassen sich schnell erlernen. Wichtig ist, dass die Pointe hundertprozentig »sitzt«, sie muss wortwörtlich gelernt werden.

1 Lies das folgende Textbeispiel. Beschreibe die Spielsituation.

Frau Huber Ah, grüß Gott, Frau Schulze, wie geht's?

Frau Schulze Ah, grüß Gott, Frau Huber, danke der Nachfrage. Gar nicht gut! Gar nicht gut!

Frau Huber Warum gar nicht gut, Frau Schulze?

Frau Schulze Ach, diese Kinder! Diese Kinder machen so viel Sorgen, bloß noch Sorgen.

Frau Huber Was für Sorgen machen denn die Kinder?

Frau Schulze Schulsorgen! Schulsorgen! Heute Abend ist wieder Elternabend. Da muss ich doch wieder hin!

Frau Huber Schulsorgen? Elternabend? Ach, da lass ich mir kein graues Haar wachsen.

Frau Schulze Sie haben gut reden. Lauter gescheite, brave Kinder. Klar, dass Sie keine Schulsorgen haben.

Frau Huber Dass ich nicht lache. Machen Sie es doch wie ich!

Frau Schulze *(neugierig)* Wie machen Sie es denn?

Frau Huber Zu den Elternabenden gehe ich grundsätzlich unter falschem Namen.

2 Wie stellst du dir die beiden Figuren vor?
Welche kennzeichnenden Requisiten würdest du für sie verwenden?

Petra *(kommt freudestrahlend auf die Bühne)*

Marianne Hallo, Petra. Na, du strahlst aber heute! Was freut dich so?

Petra Stell dir vor, mein Sohn meditiert neuerdings!

Marianne Wie bitte? Medi ... was?

Petra Ich weiß zwar auch nicht, was das bedeutet. Aber ...

Marianne Na hör mal, du musst doch wenigstens wissen, was er da tut?

Petra Eben. Das ist doch immerhin besser, als bloß rumzusitzen und nichts zu tun.

3 Erkläre, worin die Pointe dieses Blackouts besteht. Was bedeutet *meditieren?*

4 Übt einen der beiden Blackouts. Versucht, euch mehr und mehr von der Textvorlage zu lösen und frei zu sprechen.

5 Spielt die Blackouts einander vor. Sprecht anschließend darüber, was euch schon gut gelungen ist und was ihr noch verbessern könnt.

6 Schreibt selbst einen Blackout. Nutzt dazu die folgende vorgegebene Situation oder einen geeigneten Witz (z. B. von S. 73).

Ein Mann erscheint laut jammernd mit verbundenem Bein beim Arzt. Auf dessen Frage, was ihm denn fehle, meint der Mann, ein schrecklich großer Hund habe ihn ins Bein gebissen und es tue ganz furchtbar weh. Der Arzt versucht, den wehklagenden Mann zu beruhigen, und will die Wunde untersuchen. Der Mann aber schreit immer lauter, je mehr Verbände ihm abgenommen werden. Schließlich stellt der Arzt verwundert fest, dass gar kein Hundebiss zu sehen ist. Darauf meint der Mann stotternd, dass der Hund dann wohl danebengebissen haben muss.

Karl Valentin (eigentlich Valentin Ludwig Fey, 1882–1948) war ein bayrischer Komiker, Volkssänger, Autor und Filmproduzent. Seine wichtigste Bühnenpartnerin war Liesl Karlstadt (eigentlich Elisabeth Wellano, 1892–1960).

1 Lest den folgenden Sketch mit verteilten Rollen.

Karl Valentin

Hausverkauf

K.V. Guten Tag, Sie wünschen?

L.K. Ich komme wegen dem Haus.

K.V. Sie meinen wegen dem Häuschen?

L.K. In der Zeitung steht Haus.

K.V. Nein, es ist ein kleines Haus, ein Häuschen.

L.K. Ah, ein Häuslein, ein Häuselchen, ein Häuseleinchen. Steht das Häuschen im Freien?

K.V. Da steht es doch! [...]

L.K. Wie viele Stockwerke hat das Haus?

K.V. Keines, nur Parterre.

L.K. Ist es bewohnt?

K.V. Momentan nicht, weil ich heraußen[1] stehe.

L.K. Wie viele Zimmer?

K.V. Nur eins – dafür keine Treppe, kein Stiegenhaus.

L.K. Ist das hier eine ruhige Gegend?

K.V. Jawohl. Im Winter hören Sie nicht einmal das Auffallen der Schneeflocken; aber dafür gibt es im Sommer viele Ameisen, aber die gehen ganz leise.

L.K. Wie steht es mit den Abortverhältnissen[2]?

K.V. Abort ist keiner im Haus.

L.K. Ja, aber wenn man ...

K.V. Der Wald ist fünf Minuten von hier entfernt.

L.K. Ja, aber bei Nacht?

K.V. Auch nur fünf Minuten. [...]

1 *bayr.* draußen 2 Toilette

L.K. Und wie ist es mit der Beleuchtung? Gas oder elektrisch?

K.V. Im Haus und im Freien – überall elektrisch!

L.K. Ich sehe aber nirgends eine elektrische Leitung.

K.V. Nur elektrische Taschenlampe, brennt überall.

L.K. Wie alt ist das Haus schon?

K.V. Weiß nicht, hab's noch nicht gefragt. [...]

L.K. Was bedeuten diese vier Zimmerwände?

K.V. Das sind Stützen.

L.K. Für was?

K.V. Fürs Hausdach.

L.K. Ist Ungeziefer im Haus?

K.V. Nein, ich bin noch Junggeselle.

L.K. Soso!

K.V. Jawohl!

L.K. Legen Sie ... [...]

K.V. Nein – aber meine Hühner.

L.K. Legen Sie Wert darauf, dass das Haus bald verkauft wird?

K.V. Nein, sofort – in sofortiger Bälde!

L.K. Kaufen Sie sich dann wieder ein neues Haus?

K.V. Niemals mehr! Ich suche ein altes, tausend Meter tiefes Bergwerk zu mieten.

L.K. Und das wollen Sie dann bewohnen?

K.V. Selbstverständlich!

L.K. Das ist ja unheimlich!

K.V. Schon – aber sicher!

L.K. Vor wem?

K.V. Vor Meteorsteinen.

L.K. Aber Meteorsteine sind doch ganz selten.

K.V. Schon, aber bei mir geht die Sicherheit über die Seltenheit.

2 Überlege, warum ein scheinbar »langweiliges« Gespräch zwischen Hausbesitzer und Kaufinteressent derart komisch wirkt. Achte besonders darauf, was gesagt wird und was gemeint ist. Belege deine Einschätzung mit Textbeispielen.

3 Lest den Sketch noch einmal. Überlegt, wie ihr Mimik und Gestik einsetzen könnt, um die Aussageabsicht zu unterstreichen.

Loriot (eigentlich Bernhard Victor Christoph-Carl von Bülow, kurz Vicco von Bülow, 1923-2011) war einer der vielseitigsten deutschen Humoristen in Literatur, Film, Fernsehen und Theater.

Loriot

Das Frühstücksei

Das Ehepaar sitzt am Frühstückstisch. Der Ehemann hat sein Ei geöffnet und beginnt nach einer längeren Denkpause das Gespräch.

Er Berta!

Sie Ja ...!

Er Das Ei ist hart!

Sie *(schweigt)*

Er Das Ei ist hart!

Sie Ich habe es gehört ...

Er Wie lange hat das Ei denn gekocht?

Sie Zu viel Eier sind gar nicht gesund ...

Er Ich meine, wie lange dieses Ei gekocht hat ...

Sie Du willst es doch immer viereinhalb Minuten haben ...

Er Das weiß ich ...

Sie Was fragst du denn dann?

Er Weil dieses Ei nicht viereinhalb Minuten gekocht haben *kann*!

Sie Ich koche es aber jeden Morgen viereinhalb Minuten!

Er Wieso ist es dann mal zu hart und mal zu weich?

Sie Ich weiß es nicht ... ich bin kein Huhn!

Er Ach! ... Und woher weißt du, wann das Ei gut ist?

Sie Ich nehme es nach viereinhalb Minuten heraus, mein Gott!

Er Nach der Uhr oder wie?

Sie Nach Gefühl ... eine Hausfrau hat das im Gefühl ...

Er Im Gefühl? ... Was hast du im Gefühl?

Sie Ich habe es im Gefühl, wann das Ei weich ist ...

Er Aber es ist hart ... vielleicht stimmt da mit deinem Gefühl was nicht ...

Sie Mit meinem Gefühl stimmt was nicht? Ich stehe den ganzen Tag in der Küche, mache die Wäsche, bring deine Sachen in Ordnung, mache die Wohnung gemütlich, ärgere mich mit den Kindern rum und du sagst, mit meinem Gefühl stimmt was nicht!?

Er Jaja ... jaja ... jaja ... wenn ein Ei nach Gefühl kocht, dann kocht es eben nur *zufällig* genau viereinhalb Minuten!

Sie Es kann dir doch ganz egal sein, ob das Ei *zufällig* viereinhalb Minuten kocht ... Hauptsache, es *kocht* viereinhalb Minuten!

Er Ich hätte nur gern ein weiches Ei und nicht ein *zufällig* weiches Ei! Es ist mir egal, wie lange es kocht!

Sie Aha! Das ist dir egal ... es ist dir also egal, ob ich viereinhalb Minuten in der Küche schufte!

Er Nein-nein ...

Sie Aber es ist *nicht* egal ... das Ei *muss* nämlich viereinhalb Minuten kochen ...

Er Das habe ich doch gesagt ...

Sie Aber eben hast du doch gesagt, es ist dir egal!

Er Ich hätte nur gern ein weiches Ei ...

Sie Gott, was sind Männer primitiv!

Er *(düster vor sich hin)* Ich bringe sie um ... morgen bringe ich sie um ...

1 Überlegt, was bei diesem Gespräch »schiefläuft«. Geht es wirklich nur um das Ei?

2 Lest den Sketch jetzt noch einmal paarweise. In welchem Tonfall sprechen beide Partner miteinander?

3 Stellt euch eine andere komische Situation zwischen diesem Ehepaar vor, schreibt einen kurzen Sketch dazu und spielt ihn vor.

Das Theater hatte in Deutschland seine Anfänge im Mittelalter. Neben biblischen Geschichten wurden oft derb-komische Stücke aufgeführt, die Fastnachtsspiele. Der bekannteste Vertreter ist Hans Sachs, der in »Das Kälberbrüten« von einer Bäuerin und ihrem tölpelhaften Mann erzählt. Als sie eines Tages auf dem Markt ist und ihr Mann sich derweil um die häuslichen Arbeiten kümmert, geht einiges schief.

1 Lies den Auszug aus einem Fastnachtsspiel. Suche heraus, was der Bauer alles angestellt hat.

Hans Sachs

Das Kälberbrüten

Die Bäuerin *(kommt, brummt vor sich hin und spricht)*
Aus der Stadt bin ich heimgekommen,
Ich glaub', dass der Teufel mein Mann mitgenommen,
Habe nach ihm geschrien oben und unten,
Hab' kein Funken Feuers im Ofen gefunden;
Das Fleisch ist hin, der Hafen[1] zerbrochen,
Das Kraut verbrannt vor ewigem Kochen,
Die Suppen schwimmt im Ofen, o weh!
Und wie ich in den Garten seh',
Da liegt das eine Kalb ertränkt.
Ich glaub', mein Narr hat sich erhängt,
Kein Wunder, tät ich mich verfluchen,
Ich will geh'n auf der Dielen[2] suchen.
(Die Bäuerin schreit.)
Hans! Hans!
(Die Bäuerin sieht ihn im Korb sitzen und spricht.)
Du Narr, was machst du auf der Dielen?
Der Bauer Ch! Ch! *(wie eine Gans)*
Die Bäuerin Ich mein, es stechen dich die Grillen.
Der Bauer Ch! Ch! pff! pff!

1 Topf 2 Hausflur

Die Bäuerin Wie hast du kocht', o heillos' Schand'!
Das Fleisch verschütt', das Kraut verbrannt,
Die Katz erschlagen, das Kalb ertränkt,
Ich wollte drum, dass du erhängt.
Der Bauer Zisch! Zisch! pff! pff!
Die Bäuerin Wie? Willst zum Schaden spotten mein?
Ich wollt dir wohl die Lenden dein
So weich schlagen als deinen Bauch.
Weißt, wie ich dich oft niederstauch?
(Sie tut die Erbel[3] hinter sich, geht auf ihn zu.)
Der Bauer *(schreit)* Ch! ch! pff! pff!
Die Bäuerin Was machst du in dem Korb, du Narr?
Der Bauer pff! pff!
Die Bäuerin Ich muss dich werfen raus wohl gar!
Der Bauer Ch! Ch! pff! pff!
Die Bäuerin Flugs, troll' dich, gib den Säu'n zu essen!
Der Bauer Zisch! zisch!
Die Bäuerin Wie tust? Bist du Narr besessen?
Halt, halt, ich hol' den Pfarrer her,
Dass er den Teufel raus beschwör.
Der Bauer Pff! pff! ch! ch!
(Die Bäuerin geht dahin. Der Bauer steht auf, tut einen Käs' heraus, schaut ihn an, legt ihn wieder hinein, setzt sich.)

3 Erdbeeren

2 Überlege, was der Bauer mit seinem Verhalten bezwecken könnte.

3 Der Textauszug ist eine bearbeitete Fassung des frühneuhochdeutschen Ursprungstextes. Manches klingt für uns sprachlich ungewohnt. Sucht einige Beispiele dafür heraus und formuliert sie in modernes Hochdeutsch um.

4 Spielt den Textausschnitt aus dem Stegreif in eurer Alltagssprache.

1 Lies den Titel des Stückes. Stelle Vermutungen an, worum es gehen könnte.

Lisa Gallauner

Verzieh dich!

1. Szene: Vor dem Schulhaus

Vorhang öffnet sich. Paula, Tina und Babsi sitzen vor der Schule und quatschen.

Babsi Habt ihr schon von der Neuen gehört? Kommt angeblich in unsere Klasse. Der Tom kennt sie näher. Er hat mir schon von ihr vorgeschwärmt. *(süffisant)* Muss ja eine echte Schönheit sein.

Paula *(verzieht das Gesicht)* Eine echte Schönheit? Na super. So eine können wir bei uns brauchen! Die bringt sicher alles durcheinander, und das jetzt, wo wir in der vierten[1] Klasse sind. Warum kommt die überhaupt zu uns?

Babsi *(zuckt mit den Schultern)* Keine Ahnung. Ist wohl umgezogen. Vielleicht haben sich ihre Eltern scheiden lassen – so wie meine.

Tina Oder meine. Mich wundert, dass es deine Alten noch miteinander aushalten, Paula.

Paula Pah. Mir wäre lieber, sie würden sich endlich scheiden lassen. Die zwei streiten sowieso nur noch. *(Paula schaut ein wenig bedrückt drein, macht dann aber eine wegwerfende Handbewegung und versucht, vom Thema abzulenken.)* Aber zurück zu der Neuen. Der werden wir schon

1 In Österreich entspricht die vierte Klasse unserer achten Klasse.

zeigen, wo der Hammer hängt, nicht wahr, Mädels? *(Babsi und Tina nicken eifrig.)*

Tina Aber klar. Von der lassen wir uns nicht das Ruder aus der Hand nehmen. Die wird schon sehen, wer hier das Sagen hat, egal, wie schön sie ist.

Babsi Genau. Schön sind wir selber auch. Und den Tom angle ich mir! Da lass ich keinen dazwischenkommen, besser gesagt, keine!

(Ihre Freundinnen lachen schallend. Babsi fällt in ihr Lachen ein. Plötzlich geht Lena, die Neue, in einiger Entfernung an den Mädels vorbei. Diese werden still und beginnen zu tuscheln.)

Babsi Da! Das muss sie sein. Genau so hat Tom sie beschrieben.

Tina *(neidisch)* Die ist ja wirklich eine Schönheit.

Paula Aber sicher auch total eingebildet und unsympathisch. Das sieht man doch auf den ersten Blick. Die wird sich noch wundern.

Babsi *(giftig)* Genau! Die schnappt mir Tom nicht weg. Ich kann auf euch zählen, Mädels?

Tina *(zustimmend)* Aber sicher, Babsi. Die machen wir fertig, bis sie wieder dorthin zurückgeht, wo sie hergekommen ist, die Schönheit. Wau, ha, ha, ha! *(Tina gibt ein kurzes, bellendes Geräusch von sich. Die anderen starren sie verwundert an. Tina erklärt grinsend)* Na ja, Schöne heißt ja auf Italienisch Bella – ihr versteht schon. *(Die anderen beiden schmunzeln nun ebenfalls.)*

Paula Klar doch. Wau! Und tschüss, Bella, ha, ha, ha!

(Alle fallen in Paulas Gelächter ein. Lena, die bereits von der Bühne verschwunden ist, hat nichts davon mitbekommen.)

2 Überlegt, warum die drei Mädchen Lena verurteilen, ohne sie zu kennen.

2. Szene: In der Schulgarderobe

Lena Und du meinst echt, dass die nett zu mir sein werden? Ich bin so nervös. Außer dir kenne ich ja niemanden hier. Was, wenn mich die anderen nicht mögen?

Tom Keine Angst, Lena, die mögen dich schon. Alle Mädchen und Burschen aus meiner Klasse sind echt okay, mach dir keine Sorgen. Das wird schon. Ich bin mir sicher, die freuen sich über dich, vor allem die Mädchen. Schließlich sind wir Burschen in der Überzahl, da können sie weibliche Unterstützung immer gut gebrauchen.

Lena *(scheint ein bisschen erleichtert zu sein und lächelt)* Na gut, wenn du meinst. Ach übrigens, an wen soll ich mich denn halten? Ich meine, welche Mädchen sind besonders nett? Ich kann ja schließlich nicht immer mit dir abhängen. Sonst glauben die noch, zwischen uns läuft was.

Tom *(lacht auf)* Zwischen uns? Was laufen? Lena, du und ich, wir sind wie Geschwister, da kann gar nichts laufen. Immerhin kenne ich dich schon ewig, seit dem Kindergarten!

Lena Das wissen wir beide, aber die anderen doch nicht. Die denken sicher gleich, wir sind ineinander verknallt, wenn ich mich ständig mit dir abgebe. Also, welche Mädchen sind denn am coolsten in deiner … äh … in unserer Klasse?

Tom *(überlegt nicht lange, wie aus der Pistole geschossen antwortet er)* Ganz klar: Babsi, Paula und Tina. Halt dich an die drei, dann kann nichts schiefgehen. Die drei sind echt schwer in Ordnung, glaub mir. Und jetzt mach dich locker, Lenchen! Das wird schon.

Lena *(gibt Tom eine gespielte Ohrfeige, sagt bestimmt)* Nenn mich noch einmal Lenchen, und ich sage vor allen Tommerl zu dir! Das möchtest du doch nicht, Tommerl, oder?

Tom *(abwehrend)* O nein! Alles, nur das nicht! Hab Gnade mit mir, große und allmächtige Lena!

(Tom lacht. Lena fällt in sein Gelächter ein, bis Tom auf die Uhr blickt.)

Tom *(erschrocken)* O Mann, so spät schon!? Wir müssen uns beeilen! In der ersten Stunde haben wir Mathe, und der Berger mag es gar nicht, wenn man zu spät kommt. Du willst doch nicht gleich zur Begrüßung unsere Schulordnung schreiben müssen, oder?

(Beide packen ihre Schultaschen und laufen von der Bühne.) […]

3 In welcher Lage befindet sich Lena? Warst du schon einmal in einer ähnlichen Situation? Wie hast du dich gefühlt? Schreibe deine Erfahrungen auf.

3. Szene: In der Klasse

Der Vorhang geht auf. Alle sitzen an ihren Plätzen, bis auf Tom und Lena. Da betritt Herr Berger die Klasse.

Herr Berger Guten Morgen, Herrschaften!

(Frau Schneider betritt den Raum. Sie ist der Klassenvorstand der Jugendlichen.)

Frau Schneider *(freundlich)* Entschuldigen Sie bitte die Störung, Herr Kollege. Dürfte ich mir meine Klasse für fünf Minuten ausleihen?

Herr Berger *(etwas pikiert)* Wenn es unbedingt sein muss, aber nur fünf Minuten!

(Herr Berger verlässt das Klassenzimmer. Frau Schneider geht auf Lena zu, gibt ihr die Hand, begrüßt sie freundlich und stellt sie dann dem Rest der Klasse vor.)

Frau Schneider So, Leute, ihr fragt euch vielleicht, wer diese sympathische junge Dame ist. Also, das ist Lena. Sie ist ab heute ein Teil unserer Klasse, was mich natürlich sehr freut. Weibliche Unterstützung können wir hier schließlich immer gut gebrauchen [...] also, ich erwarte von euch allen, dass ihr Lena mit offenen Armen aufnehmt und ihr die Eingewöhnung in unserer Klasse so einfach wie möglich macht. Es ist nicht so leicht, die Schule zu wechseln, noch dazu in der vierten Klasse. Seid also nett zu ihr, ja? Babsi, als Klassensprecherin kümmerst du dich bitte um alles. Sag und zeig Lena, was sie wissen muss. Das Konferenzzimmer, die Info-Tafel, die coolsten Burschen hier in der Schule. *(Erneut lachen einige Schüler auf.)* Nein, im Ernst, du kümmerst dich um Lena, versprochen, Babsi?

(Babsi nickt. Auf ihrem Gesicht macht sich ein breites, gekünsteltes Lächeln breit.)

Babsi *(übertrieben)* Aber sicher, Frau Schneider, Sie können sich auf mich verlassen. Ich kümmere mich schon um Lena. *(Babsi wirft Tina und*

Paula einen verstohlenen Blick zu. Dabei grinst sie. Auch die anderen beiden grinsen.) Und Tina und Paula helfen mir dabei.

Tina Sicher!

Paula Klar. Wir kümmern uns um alles.

Frau Schneider *(zufrieden)* Gut, dann setz dich doch am besten gleich neben Babsi, Lena! Zum Glück ist da noch ein Platz frei. [...]

(Die Klassentür geht auf, Herr Berger streckt den Kopf rein.)

Herr Berger Frau Kollegin ... die fünf Minuten ...

Frau Schneider Ich bin schon fertig, Herr Kollege. Danke schön!

(Frau Schneider eilt aus der Klasse. Lena geht zum Platz neben Babsi.)

Babsi *(wirft Lena, als keiner zusieht, einen giftigen Blick zu und flüstert)* Mach dich bloß nicht zu breit, Bella!

(Lena ist tief getroffen – man merkt es an ihrem Gesichtsausdruck – trotzdem setzt sie sich neben Babsi.)

Herr Berger So, weiter geht's mit den binomischen Formeln. Niko, komm bitte an die Tafel! *(Niko steht auf und geht zur Tafel. Der Vorhang fällt.)*

4. Szene: In der Garderobe

Babsi Hallo, Bella, du hast dich heute aber schick gemacht. Ist der Fetzen neu? *(Babsi zupft an Lenas neuem, weißem Pulli.)*

Lena Ja, der ist neu – und nenn mich nicht immer Bella! Ich heiße Lena!

Babsi *(süffisant)* Aber, aber. Wer wird denn da aufmucken?! Du traust dich was, Bella. Immerhin sind wir zu dritt und du bist gaaaaanz allein.

Tina *(höhnisch)* Mutterseelenallein. Ist das ein Markenpulli? War sicher teuer, das Ding. Zu blöd, dass Paula ihr Cola draufgepatzt hat. Aber die Arme ist nun mal schrecklich tollpatschig. Und man stolpert ja auch so schnell, hier in der Garderobe.

(Lena sieht Tina verständnislos an. Als sie sich wegdrehen will, ist es bereits zu spät. Paula, die eine Flasche Cola in den Händen hält, hat ihr diese bereits über den neuen Pulli geschüttet.)

Paula *(zynisch)* Huch, das tut mir aber leid, Bella. Wie konnte mir das nur passieren? So ein Pech – dein neuer Pulli ist hinüber. Aber unter uns: Weiß steht dir ohnehin nicht, ha, ha, ha!

Lena *(entsetzt, kämpft mit den Tränen)* Sag mal, spinnst du!? Das erzähl ich der Schneider! Oder ich geh gleich zum Schulleiter.

(Tina und Paula packen Lena und halten sie fest, während Babsi bedrohlich auf sie einredet.)

Babsi Das wirst du schön bleiben lassen, Bella! Oder willst du, dass wir dir das Leben hier zur Hölle machen? Glaub mir, das fällt uns nicht schwer. Wir müssen nur das eine oder andere Gerücht über dich in die Welt setzen.

Tina Und schon hast du keine Freunde mehr, nicht einen einzigen.

Paula Sogar dein geliebter Tom wird sich dann nicht mehr mit dir blicken lassen wollen.

Lena Er ist nicht mein geliebter Tom! Tom und ich sind einfach nur Freunde, und zwar die besten. Ihn könnt ihr nicht gegen mich aufhetzen.

(Die drei Mädchen grinsen hämisch, während sie Lena weiterhin im Schwitzkasten haben.)

Paula Wetten, dass wir das doch können?

Tina Und zwar schneller, als dir lieb ist. Tom war die längste Zeit dein Freund.

Babsi *(triumphierend)* Genau. Tom gehört mir und keiner anderen … *(zu Paula und Tina)* Und jetzt lasst sie los! Ihr wollt euch doch nicht die Finger an ihr schmutzig machen?

Lena *(verzweifelt, ihr rinnen einige Tränen über die Wangen)* Wieso seid ihr eigentlich so gemein zu mir? Was wollt ihr denn von mir?

Babsi Verzieh dich! Das wollen wir von dir. Verschwinde zurück in deine alte Schule! Wir brauchen dich hier nämlich nicht!

Paula und Tina Genau! Verzieh dich!

(Die Schulglocke läutet zur nächsten Stunde. Babsi, Paula und Tina verschwinden und lassen die weinende Lena alleine zurück. Der Vorhang fällt.)

5. Szene: In Lenas Zimmer

Lena sitzt am PC und liest gerade ihre E-Mails. […]

Lena *(liest laut, entsetzt)* Haben wir dir nicht gesagt, dass du dich verziehen sollst?! Warum bist du denn immer noch nicht weg?! Wir machen dich fertig, du Schlampe, verlass dich darauf!!! *(Lena steht auf und geht nervös durch ihr Zimmer. Sie ist schon wieder den Tränen nahe.)* Scheiße! Woher haben die drei meine E-Mail-Adresse? Was mache ich denn jetzt bloß?

(Lenas Mutter betritt mit einem Korb voll gebügelter Wäsche den Raum.)

Lenas Mutter *(besorgt)* Lena, wie siehst du denn aus? Ist etwas passiert, mein Schatz?

Lena *(gekünstelt fröhlich)* Nein, nein, Mama. Alles bestens.

(Lenas Mutter schaut ihre Tochter skeptisch an, fragt aber dann nicht weiter nach, sondern stellt den Wäschekorb auf den Boden.)

Lenas Mutter Da bitte – deine Wäsche. Die Colaflecken habe ich leider nicht aus dem weißen Pulli rausgekriegt. Dass du aber auch so ungeschickt sein musst! Wie geht's dir eigentlich in der Schule? Hast du schon neue Freundinnen gefunden?

(Lena setzt ein gekünsteltes Lächeln auf und schnappt den Wäschekorb, um ihrer Mutter nicht ins Gesicht sehen zu müssen.)

Lena Aber klar. Jede Menge neuer Freundinnen. Ist alles paletti, Mama. Mach dir keine Gedanken um mich!

Lenas Mutter Das freut mich aber, Schatz. Essen gibt's, wenn Papa zu Hause ist. Er bringt uns eine Pizza mit, hat er gesagt. *(Lena, die immer noch mit der Wäsche beschäftigt ist, nickt nur. Lenas Mutter verlässt den Raum. Kaum ist sie draußen, geht Lena wieder an den PC. Sie liest eine Weile.)*

Lena *(verzweifelt)* Mich verziehen? Vielleicht sollte ich das wirklich tun. *(Licht aus, Vorhang fällt)*

4 Erkläre den Begriff *Mobbing*. Du kannst dazu das Fremdwörterbuch nutzen oder im Internet recherchieren.

5 Überlegt, wie Lena sich wehren kann. Improvisiert dazu eine Szene.

6.Szene: Vor der Schule

[...] *Tom sitzt bei seinem Freund Niko und beschäftigt sich mit dem Handy. Er sieht dabei nicht besonders glücklich aus. Als Lena sich den beiden Jungs nähert, steht Tom auf und geht davon.*

Lena Hallo, Tom! Du, ich muss unbedingt mit dir reden.

(Niko steht ebenfalls auf. Lena, die Böses ahnt, packt ihn am Arm und hält ihn fest.)

Lena Halt, Niko! Sag mal, was ist denn mit Tom los? Gestern hat er nicht auf meine SMS geantwortet, und jetzt läuft er einfach davon. Ist er sauer auf mich?

Niko *(wirft Lena einen verächtlichen Blick zu und meint unfreundlich)* Das ist nicht dein Ernst, oder? Frag doch nicht so scheinheilig! Natürlich ist Tom sauer auf dich, wäre ich übrigens auch, wenn meine angeblich beste Freundin so einen Schmarren über mich verbreitet ...

6 Überlegt, wie das Stück enden könnte. Fasst eure Ideen in Stichpunkten zusammen und stellt sie einander vor. Welcher Vorschlag gefällt euch am besten? Begründet eure Meinung.

7 Lest eine Szene eurer Wahl in Rollen. Die Regieanweisungen helfen euch dabei, die Gefühle der jeweiligen Person stimmlich richtig auszudrücken.

8 Erarbeitet euch das Stück szenenweise. Beachtet dabei die Tipps zur Probenarbeit auf der nächsten Seite.

Phasen der Probenarbeit

1. **Lesen und Besprechen des Stückes**
   Zuerst machen sich alle mit dem Thema und der geplanten Umsetzung des Stückes vertraut. Der Spielleiter kann bereits in dieser Phase beobachten, wie jeder einzelne Spieler seine ihm zugedachte Rolle erfasst und auslegt.

2. **Sprechen der Rollen ohne Handeln**
   Der Text muss bereits auswendig gelernt sein. Wichtig ist die Konzentration auf das jeweilige Stichwort des anderen, um den Einsatz nicht zu verpassen.

3. **Positionsproben**
   Jetzt wird ganz genau erarbeitet:
   - wie ein Spieler die Bühne betritt,
   - wo bzw. wie er in den einzelnen Situationen stehen soll,
   - wie und mit welchen Bewegungen er auf Äußerungen und Handlungen der Mitspielenden reagiert,
   - wo Mimik und Gestik nötig sind, um die Wirkung des Textes zu unterstreichen.

4. **Letzte Probenphase**
   Jetzt muss alles stimmen:
   - einwandfreies Beherrschen des Textes,
   - Spielausdruck, Spieltempo,
   - Auf- und Abgänge, Spielpositionen,
   - Bedienung der technischen Hilfsmittel,
   - Bereitstellung der benötigten Kostüme bzw. Requisiten.

   Diese Probenphase schließt mit der so genannten Generalprobe ab.

Tipp: Vor jeder Spielprobe bzw. vor den Auftritten solltet ihr euch ein paar Minuten Zeit nehmen, um die Stimme zu lockern und die Atmung zu vertiefen. Dazu könnt ihr herzhaft gähnen, dann ein »m« summen und dabei langsame Kaubewegungen machen, anschließend wie ein Pferd schnauben und wie ein Vogel trillern.

Kapitel 6

Ballade – Gedicht, Geschichte und Drama

1 Balladen erzählen in Reimform spannende Geschichten, die oft wie ein kleines Drama wirken. Erzähle zu diesem Bild eine aufregende Geschichte.

2 *Ballett, Ballerina, Ball* – welche dieser Wörter kennst du? Schlage nach, was sie bedeuten.

Auf Jahrmärkten oder Marktplätzen traten früher Bänkelsänger mit Liedern über außergewöhnliche oder schauerliche Begebenheiten auf. Dabei stellten sie sich meist auf eine Bank, damit jeder sie sehen konnte. Außerdem war die besungene Geschichte bildlich auf einer Tafel dargestellt.

1 Lies das folgende Bänkellied und erzähle die Geschichte mit eigenen Worten nach.

Der Liebe Leid

In Mexiko, dem Land der Monzanilla[1],
Dort lebte still mit ihrem Töchterlein
Die Witwe namens Señora Torilla
Auf ihrem Wohnsitz, der bescheiden klein.
Dort lebte sie mit still zufriednem Sinn
Samt ihrer Tochter ihre Tage hin.

Und schön, schön war ihr Töchterlein Adele,
An Geist und Körper reich und anmutsvoll,
Den Eigenschaften ihrer schönen Seele
Bracht mancher junge Mann Tribut und Zoll[2];
Denn jeder hätte gern die junge Maid
Als liebe Eh'genossin sich gefreit.

Doch einem nur ihr Herze schlug entgegen.
Henri del Crespo war der Kavalier,
Bei dessen Nahn von ihres Herzens Schlägen
Adele drohte zu ersticken schier.
Gern lieh dem jungen Manne sie ihr Ohr,
Als er ihr unverbrüchlich Treue schwor.

»Kind«, sprach die Mutter, »zügle deine Liebe
Und gib dich nicht so unbedachtsam hin,
Vorsichtig sei mit deines Herzens Triebe,
Ein Kavalier hat einen leichten Sinn.
Auch sind die Crespos gar so stolz und reich
Und nehmen dich als Tochter nicht sogleich.«

Doch konnte das Adelens Herz nicht rühren,
Verstand Henriquez doch die Liebeskunst.
Sie glaubte des Geliebten heißen Schwüren,
Bewahrte ihm stets ihre Gunst.
Doch bald, bald sollte es ihr werden klar,
Dass sie von ihm schmachvoll betrogen war.

Denn eine reiche Erbin hat erwählet
Henriquez sich als seinen Eheschatz.
Mit ihr ward binnen Kurzem er vermählet,
Sie ward ihm Gattin an Adelens Platz.
Das fuhr Adele schrecklich durch den Sinn,
Und – »Rache! Rache!«, rief die Spanierin.

Ja, Rache an dem Schurken war ihr Streben,
Der frech zertrat ihr ganzes Erdenglück;
Mit Gift bracht' seine Gattin sie ums Leben,
Ein Dolchstoß endet seinen Lebensblick.
Sie selbst vom hohen Felsen sprang herab
Und fand zerschmettert in der Tief' ihr Grab.

Moral:
Das sind der Liebe Lust, der Liebe Wehen,
Wie sie noch stets der Menschheit Herz berührt.
Und schrecklich, wie das Ende hier geschehen,
Es täglich neu zu aller Zeit passiert.
Wie glücklich macht der Liebe Lust das Herz,
Wie unglücklich der Liebe Leid und Schmerz!

1 *auch* Manzanilla, ein feuriger Wein
2 Tribut und Zoll *hier* Anerkennung

2 Bänkellieder wurden gesungen. Überlegt euch eine einfache Melodie und tragt das Bänkellied wie auf einem Marktplatz vor.

Gereimte Geschichten mit dramatischer Handlung

Die Ballade ist ursprünglich ein Tanzlied. Das steckt auch schon im Namen, denn *ballare* heißt auf Lateinisch *tanzen*. Waren es im Mittelalter zunächst heitere Lieder, die im Volk entstanden und in verschiedenen Fassungen gesungen wurden, so hatten die späteren Bänkellieder oft einen ernsten und tragischen Inhalt.

Ende des 18. Jahrhunderts haben sich auch viele Dichter für die Ballade interessiert. Johann Wolfgang von Goethe und Friedrich Schiller haben sich sogar über ein Jahr lang immer wieder neue Balladen zugeschickt und sich darüber ausgetauscht. Das war 1797, im so genannten Balladenjahr.

Balladen beziehen sich oft auf überlieferte Geschehnisse, auf geschichtliche oder auch aktuelle Ereignisse. Man bezeichnet Balladen auch als Erzählgedichte, da sie meist gereimt und in Strophenform geschrieben sind. Darüber hinaus beinhaltet ihre spannende Handlung auch dramatische Elemente: Etwas Aufregendes passiert, das Geschehen spitzt sich zu, am Ende gibt es eine Lösung, die gut oder tragisch sein kann. In vielen Balladen gibt es auch Dialoge und Monologe. Deshalb kann man Balladen nicht nur vortragen, sondern auch vorspielen.

1 Fasse zusammen, welche Merkmale die Ballade aufweist.

2 Informiert euch im Lexikon oder im Internet, welche Balladen von Goethe und Schiller im Balladenjahr 1797 entstanden sind.

Zeitgenössische Zeichnung von Goethe und Schiller

1 Lies die folgende Ballade. Weise nach, dass es sich hier um eine Ballade handelt. Suche die Balladenmerkmale heraus.

Johann Wolfgang von Goethe

Der Zauberlehrling

Hat der alte Hexenmeister
Sich doch einmal wegbegeben!
Und nun sollen seine Geister
Auch nach meinem Willen leben.
Seine Wort' und Werke
Merkt' ich und den Brauch,
Und mit Geistesstärke
Tu ich Wunder auch.

Walle! walle!
Manche Strecke,
Dass zum Zwecke
Wasser fließe
Und mit reichem, vollem Schwalle
Zu dem Bade sich ergieße.

Und nun komm, du alter Besen!
Nimm die schlechten Lumpenhüllen!
Bist schon lange Knecht gewesen;
Nun erfülle meinen Willen!
Auf zwei Beinen stehe,
Oben sei ein Kopf,
Eile nun und gehe
Mit dem Wassertopf!

Walle! walle!
Manche Strecke,
Dass zum Zwecke
Wasser fließe
Und mit reichem, vollem Schwalle
Zu dem Bade sich ergieße.

Seht, er läuft zum Ufer nieder;
Wahrlich! ist schon an dem Flusse,
Und mit Blitzesschnelle wieder
Ist er hier mit raschem Gusse.
Schon zum zweiten Male!
Wie das Becken schwillt!
Wie sich jede Schale
Voll mit Wasser füllt!

Stehe! Stehe!
Denn wir haben
Deiner Gaben
Voll gemessen! –
Ach, ich merk es! Wehe! wehe!
Hab ich doch das Wort vergessen!

Ach, das Wort, worauf am Ende
Er das wird, was er gewesen.
Ach, er läuft und bringt behände!
Wärst du doch der alte Besen!
Immer neue Güsse
Bringt er schnell herein,
Ach! und hundert Flüsse
Stürzen auf mich ein.

Nein, nicht länger
Kann ich's lassen;
Will ihn fassen.
Das ist Tücke.
Ach! nun wird mir immer bänger!
Welche Miene! welche Blicke!

O, du Ausgeburt der Hölle!
Soll das ganze Haus ersaufen?
Seh ich über jede Schwelle
Doch schon Wasserströme laufen.
Ein verruchter Besen,
Der nicht hören will!
Stock, der du gewesen,
Steh doch wieder still!

Willst's am Ende
Gar nicht lassen?
Will dich fassen,
Will dich halten
Und das alte Holz behände
Mit dem scharfen Beile spalten.

Seht, da kommt er schleppend wieder!
Wie ich mich nun auf dich werfe,
Gleich, o Kobold, liegst du nieder;
Krachend trifft die glatte Schärfe!
Wahrlich, brav getroffen!
Seht, er ist entzwei!
Und nun kann ich hoffen,
Und ich atme frei!

Wehe! wehe!
Beide Teile
Stehn in Eile
Schon als Knechte
Völlig fertig in die Höhe!
Helft mir, ach! ihr hohen Mächte!

Und sie laufen! Nass und nässer
Wird's im Saal und auf den Stufen.
Welch entsetzliches Gewässer!
Herr und Meister! hör mich rufen! –
Ach, da kommt der Meister!
Herr, die Not ist groß!
Die ich rief, die Geister,
Werd ich nun nicht los.

»In die Ecke,
Besen! Besen!
Seid's gewesen!
Denn als Geister
Ruft euch nur zu seinem Zwecke
Erst hervor der alte Meister.«

2 Teile die Ballade in Abschnitte ein und markiere den Höhepunkt der Handlung.

3 Sucht aus der Ballade heraus, wodurch Spannung erzeugt wird. Achtet dabei auf die wechselnden Gefühle des Zauberlehrlings.

4 Auch diese Ballade lässt sich bebildern. Zeichnet zu den Handlungsschritten der Aufgabe 2 passende Bilder und tragt die Ballade anschließend ausdrucksstark dazu vor.

Friedrich Schiller

Der Handschuh

Vor seinem Löwengarten,
Das Kampfspiel zu erwarten,
Saß König Franz,
Und um ihn die Großen der Krone,
Und rings auf hohem Balkone
Die Damen in schönem Kranz.

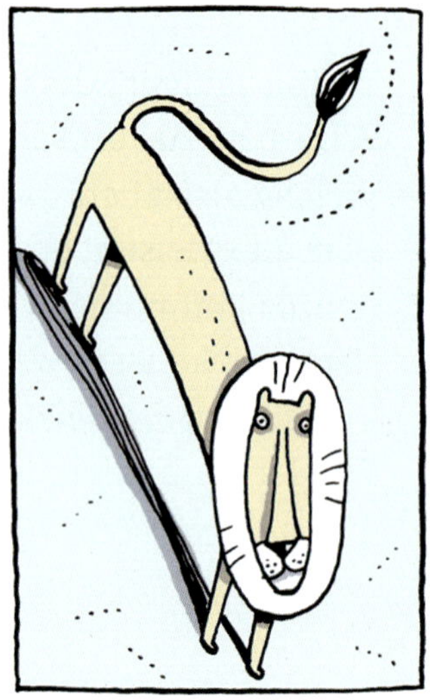

Und wie er winkt mit dem Finger,
Auf tut sich der weite Zwinger,
Und hinein mit bedächtigem Schritt
Ein Löwe tritt,
Und sieht sich stumm
Rings um,
Mit langem Gähnen,
Und schüttelt die Mähnen,
Und streckt die Glieder,
Und legt sich nieder.

Und der König winkt wieder,
Da öffnet sich behänd
Ein zweites Tor,
Daraus rennt
Mit wildem Sprunge
Ein Tiger hervor.
Wie der den Löwen erschaut,
Brüllt er laut,
Schlägt mit dem Schweif
Einen furchtbaren Reif
Und recket die Zunge,
Und im Kreise scheu
Umgeht er den Leu
Grimmig schnurrend;
Drauf streckt er sich murrend
Zur Seite nieder.

Und der König winkt wieder,
Da speit das doppelt geöffnete Haus
Zwei Leoparden auf einmal aus,
Die stürzen mit mutiger Kampfbegier
Auf das Tigertier,
Das packt sie mit seinen grimmigen Tatzen,
Und der Leu mit Gebrüll
Richtet sich auf, da wird's still,
Und herum im Kreis,
Von Mordsucht heiß,
Lagern die gräulichen Katzen.

Da fällt von des Altans[1] Rand
Ein Handschuh von schöner Hand
Zwischen den Tiger und den Leun
Mitten hinein.

Und zu Ritter Delorges spottenderweis
Wendet sich Fräulein Kunigund:
»Herr Ritter, ist Eure Lieb so heiß,
Wie Ihr mir's schwört zu jeder Stund,
Ei, so hebt mir den Handschuh auf.«

Und der Ritter in schnellem Lauf
Steigt hinab in den furchtbarn Zwinger
Mit festem Schritte,
Und aus der Ungeheuer Mitte
Nimmt er den Handschuh mit keckem Finger.

1 *ital.* Balkon

Und mit Erstaunen und mit Grauen
Sehen's die Ritter und Edelfrauen,
Und gelassen bringt er den Handschuh zurück,
Da schallt ihm sein Lob aus jedem Munde,
Aber mit zärtlichem Liebesblick –
Er verheißt ihm sein nahes Glück –
Empfängt ihn Fräulein Kunigunde.

Und er wirft ihr den Handschuh ins Gesicht:
»Den Dank, Dame, begehr ich nicht!«
Und verlässt sie zur selben Stunde.

1. Erzähle den Inhalt der Ballade nach.

2. Betrachtet die handelnden Figuren genauer. Wie wird ihr Auftreten beschrieben? In welcher Beziehung stehen die Personen zueinander?

3. Teilt die Ballade in kleine Szenen ein und spielt diese nach.

4. Stellt die Beschreibung der wilden Tiere dem Verhalten der Ritter und Hofdamen gegenüber. Was fällt euch auf?

Fachübergreifendes

Zur Geschichte der Ballade »Der Handschuh«

Die Geschichte, die Schiller in seiner Ballade »Der Handschuh« erzählt, soll sich tatsächlich am Hofe des französischen Königs Franz I. zugetragen haben. Dieser regierte von 1515 bis 1547 und hielt sich Löwen für Kampfspiele. Zu dieser Zeit mussten die Ritter ihren Mut und ihre Tapferkeit nicht mehr in gefährlichen Turnieren beweisen, um das Herz einer höfischen Dame zu gewinnen. Turniere und Kampfspiele dienten nur noch der Unterhaltung und dem Zeitvertreib.

Bei einem dieser Löwenkämpfe, bei dem der König mit seinem Hofstaat zugesehen hat, soll eine Dame ihren Handschuh zwischen die Raubkatzen fallen lassen haben.

Schiller hat diese unnötige Forderung nach einem Liebesbeweis in seiner Ballade scharf kritisiert. Und er hat mit seiner Darstellung auch höfische Regeln verletzt. Charlotte von Stein, eine vornehme Hofdame der Weimarer Herzogin Anna Amalia, soll von Schiller verlangt haben, dass er die letzte Strophe ändert. Deshalb hieß es in einer späteren Fassung auch:

Und der Ritter, sich tief verbeugend, spricht:
»Den Dank, Dame, begehr ich nicht!«
Und verlässt sie zur selben Stunde.

1 Überlege, warum Frau von Stein auf eine Änderung der Zeile gedrängt hat.

2 Tauscht euch über den Liebesbeweis aus, den Fräulein Kunigunde in Schillers Ballade fordert. Entspricht er den höfischen Normen der damaligen Zeit?

1 Lies die folgende Ballade. Schlage unbekannte Wörter im Wörterbuch nach.

Annette von Droste-Hülshoff

Der Knabe im Moor

O schaurig ist's, übers Moor zu gehn,
Wenn es wimmelt vom Heiderauche,
Sich wie Phantome die Dünste drehn
Und die Ranke häkelt am Strauche,
Unter jedem Tritte ein Quellchen springt,
Wenn aus der Spalte es zischt und singt,
O schaurig ist's, übers Moor zu gehn,
Wenn das Röhricht knistert im Hauche!

Fest hält die Fibel das zitternde Kind
Und rennt, als ob man es jage;
Hohl über die Fläche sauset der Wind –
Was raschelt drüben am Hage?
Das ist der gespenstische Gräberknecht,
Der dem Meister die besten Torfe verzecht;
Hu, hu, es bricht wie ein irres Rind!
Hinducket das Knäblein zage.

Vom Ufer starret Gestumpf hervor,
Unheimlich nicket die Föhre,
Der Knabe rennt, gespannt das Ohr,
Durch Riesenhalme wie Speere;
Und wie es rieselt und knistert darin!
Das ist die unselige Spinnerin,
Das ist die gebannte Spinnlenor',
Die den Haspel dreht im Geröhre!

Voran, voran, nur immer im Lauf,
Voran, als woll' es ihn holen;
Vor seinem Fuße brodelt es auf,
Es pfeift ihm unter den Sohlen

Wie eine gespenstische Melodei;
Das ist der Geigenmann ungetreu,
Das ist der diebische Fiedler Knauf,
Der den Hochzeitheller gestohlen!

Da birst das Moor, ein Seufzer geht
hervor aus der klaffenden Höhle;
Weh, weh, da ruft die verdammte Margret:
»Ho, ho, meine arme Seele!«
Der Knabe springt wie ein wundes Reh,
Wär' nicht Schutzengel in seiner Näh',
Seine bleichenden Knöchelchen fände spät
Ein Gräber im Moorgeschwele.

Da mählich gründet der Boden sich,
Und drüben, neben der Weide,
Die Lampe flimmert so heimatlich,
Der Knabe steht an der Scheide.
Tief atmet er auf, zum Moor zurück
Noch immer wirft er den scheuen Blick:
Ja, im Geröhre war's fürchterlich,
O schaurig war's in der Heide!

2 Beschreibe den Weg des Jungen durch das Moor. Gehe dabei auf die Naturerscheinungen und ihre Wahrnehmung durch den Jungen ein.

3 Arbeitet heraus, durch welche sprachlichen Mittel die Stimmungen und Gefühle des Jungen deutlich werden.

4 Erarbeitet gemeinsam einen Balladenvortrag. Versucht dabei, die Laute und Geräusche, die der Junge wahrnimmt, mit Instrumenten nachzuahmen.

Mit Balladen umgehen

Balladen kann man nicht nur lesen, sondern auch ausdrucksstark vortragen, mit Geräuschen untermalen, als Hörspiel vertonen, zu einem Song umschreiben oder als Comic gestalten.

Eine Ballade ausdrucksstark vortragen

1. Kopiere die Ballade.
2. Lies die Ballade und notiere dir Hinweise:
   - zu **Sprechpausen** am Satz- oder Strophenende oder vor wichtigen Wörtern, um die Spannung zu erhöhen,
   - zum **Sprechtempo:** welche Stellen sollen ruhig und getragen klingen, welche schnell und aufgeregt,
   - zur **Stimmlage:** eine beruhigende Stimme ist z. B. tiefer als eine ängstliche.
3. Übe jetzt den Balladenvortrag mehrere Male und setze auch Mimik und Gestik ein.
4. Wenn die Ballade mit verteilten Rollen gelesen wird, geht ihr genauso vor. Übt euren Einsatz bei Dialogen, damit keine Pausen entstehen oder ihr euch nicht ins Wort fallt.

Eine Ballade vertonen

1. Fertigt eine Liste mit allen Personen an, die in der Ballade vorkommen. Überlegt, mit welcher Stimme sie sprechen könnten. Vergesst den Erzähler nicht.
2. Überlegt, welche Geräusche in der jeweiligen Szene zu hören sind. Versucht, sie nachzuahmen.
3. Ihr könnt auch nach einer passenden Hintergrundmusik suchen.
4. Verteilt nun die Rollen und Geräusche in der Klasse, übt euren Balladenvortrag und nehmt ihn auf.

Eine Ballade zu einem Rap umschreiben

1. Mit einem Rap, der ja auch ein Sprechgesang ist, kannst du die Handlung der Ballade mit eigenen Worten und einem eigenen Rhythmus erzählen.
2. Erkenne zunächst den Rhythmus der Ballade. Klatsche oder klopfe dazu die betonten Silben.
3. Vereinfache den Balladentext so, dass du einen regelmäßigen Wechsel von betonter und unbetonter Silbe erhältst.

Zu einer Ballade einen Comic zeichnen

1. Lies die Ballade genau und überlege dir, welche Szenen du als Bilder gestalten möchtest.
2. Überlege dir für jede Figur etwas Charakteristisches, damit man sie in jedem Bild wiedererkennt.
3. Zeichne die Szenen der Balladenhandlung abwechslungsreich. Verwende unterschiedliche Perspektiven und Ausschnitte.
4. Vergiss nicht Sprech- und Denkblasen, in die du die wichtigsten Dialoge schreibst. Denke auch an Geräuschwörter.

1 Wählt eine Ballade dieses Kapitels aus und überlegt euch eine Form der Umsetzung. Bittet eure Musik- und Kunstlehrer um Unterstützung.

2 Präsentiert eure Ballade bei einer Schulaufführung.

Das Zugunglück auf der Tay-Brücke

England. Während eines furchtbaren Windsturms brach am 29. (Dezember 1879) nachts die große Eisenbahnbrücke über dem Taystrom in Schottland zusammen, im Moment, als der Zug darüberfuhr. 90 Personen, nach anderen 300, kamen dabei ums Leben, der verunglückte Zug hatte nämlich sieben Wagen, die alle fast voll waren, und er stürzte über 100 Fuß hoch ins Wasser hinunter. Alle 13 Brückenspannungen sind samt den Säulen, worauf sie standen, verschwunden. Die Öffnung der Brücke ist eine halbe englische Meile lang. Der Bau der Brücke hat seinerzeit 350 000 Pfund Sterling gekostet, und sie wurde im Frühjahr 1878 auf ihre Festigkeit hin geprüft. Bis jetzt waren alle Versuche zur Auffindung der Leichen oder des Trains[1] vergeblich.

(Zürcherische Freitagszeitung vom 2. Januar 1880)

1 *engl.* Zug

1 Schreibe aus der Zeitungsmeldung alle wichtigen Informationen heraus, die auf die *W*-Fragen Antwort geben.

2 Schreibt zu diesem Text eine Ballade. Beachtet dabei die Merkmale der Ballade.

1 Lies Fontanes Ballade und vergleiche sie mit der Zeitungsmeldung. Was hat der Dichter hinzugefügt?

Theodor Fontane

Die Brück am Tay

(28. Dezember 1879)

When shall we three meet again?
Macbeth

»Wann treffen wir drei wieder zusamm?«
»Um die siebente Stund, am Brückendamm.«
»Am Mittelpfeiler.«
»Ich lösche die Flamm.«
»Ich mit.«
»Ich komme von Norden her.«
»Und ich von Süden.«
»Und ich vom Meer.«
»Hei, das gibt einen Ringelreihn,
Und die Brücke muss in den Grund hinein.«
»Und der Zug, der in die Brücke tritt
Um die siebente Stund?«
»Ei, der muss mit.«
»Muss mit.«
»Tand, Tand,
Ist das Gebilde von Menschenhand!«

Auf der Norderseite, das Brückenhaus –
Alle Fenster sehen nach Süden aus,
Und die Brücknersleut ohne Rast und Ruh
Und in Bangen sehen nach Süden zu,
Sehen und warten, ob nicht ein Licht
Übers Wasser hin »Ich komme« spricht,
»Ich komme, trotz Nacht und Sturmesflug,
Ich, der Edinburger Zug.«

Und der Brückner jetzt: »Ich seh einen Schein
Am anderen Ufer. Das muss er sein.
Nun, Mutter, weg mit dem bangen Traum,
Unser Johnie kommt und will seinen Baum,
Und was noch am Baume von Lichtern ist,
Zünd alles an wie zum Heiligen Christ,
Der will heuer zweimal mit uns sein –
Und in elf Minuten ist er herein.«

Und es war der Zug. Am Süderturm
Keucht er vorbei jetzt gegen den Sturm,
Und Johnie spricht: »Die Brücke noch!
Aber was tut es, wir zwingen es doch.
Ein fester Kessel, ein doppelter Dampf,
Die bleiben Sieger in solchem Kampf.
Und wie's auch rast und ringt und rennt,
Wir kriegen es unter: das Element.

Und unser Stolz ist unsre Brück;
Ich lache, denk ich an früher zurück,
An all den Jammer und all die Not
Mit dem elend alten Schifferboot;
Wie manche liebe Christfestnacht
Hab ich im Fährhaus zugebracht
Und sah unsrer Fenster lichten Schein
Und zählte und konnte nicht drüben sein.«

Auf der Norderseite, das Brückenhaus –
Alle Fenster sehen nach Süden aus,
Und die Brücknersleut ohne Rast und Ruh
Und in Bangen sehen nach Süden zu;
Denn wütender wurde der Winde Spiel,
Und jetzt, als ob Feuer vom Himmel fiel',
Erglüht es in niederschießender Pracht
Überm Wasser unten ... Und wieder ist Nacht.

»Wann treffen wir drei wieder zusamm?«
»Um Mitternacht, am Bergeskamm.«
»Auf dem hohen Moor, am Erlenstamm.«
»Ich komme.«
»Ich mit.«
»Ich nenn euch die Zahl.«
»Und ich die Namen.«
»Und ich die Qual.«
»Hei!
Wie Splitter brach das Gebälk entzwei.«
»Tand, Tand,
Ist das Gebilde von Menschenhand.«

2 Suche aus der Ballade Beispiele heraus, wie Mensch und Natur miteinander ringen.

3 Die erste und die letzte Strophe werden von drei Hexen gesprochen. Überlegt euch Möglichkeiten, wie ihr den Text sprechen könnt, z.B. bedrohlich, geheimnisvoll, belustigt.

4 Lest die gesamte Ballade mit verteilten Rollen. Nutzt die Hinweise auf der Methodenseite (S.120–121).

1 Lies zuerst die Kalendergeschichte von Johann Peter Hebel auf S. 78–79 und dann die folgende Ballade.

Adelbert von Chamisso

Der rechte Barbier

Und soll ich nach Philisterart
Mir Kinn und Wange putzen,
So will ich meinen langen Bart
Den letzten Tag noch nutzen.
Ja, ärgerlich, wie ich nun bin,
Vor meinem Groll, vor meinem Kinn
Soll mancher noch erzittern!

»Holla! Herr Wirt, mein Pferd! macht fort!
Ihm wird der Hafer frommen[1].
Habt Ihr Barbierer hier im Ort?
Lasst gleich den rechten kommen.
Waldaus, waldein, verfluchtes Land!
Ich ritt die Kreuz und Quer und fand
Doch nirgends noch den rechten.

Tritt her, Bartputzer, aufgeschaut!
Du sollst den Bart mir kratzen;
Doch kitzlig sehr ist meine Haut,
Ich biete hundert Batzen[2];
Nur, machst du nicht die Sache gut,
Und fließt ein einzges Tröpflein Blut, –
Fährt dir mein Dolch ins Herze.«

Das spitze, kalte Eisen sah
Man auf dem Tische blitzen,
Und dem verwünschten Ding gar nah
Auf seinem Schemel sitzen
Den grimmgen, schwarzbehaarten Mann
Im schwarzen, kurzen Wams, woran
Noch schwärzre Troddeln hingen.

1 nützen
2 alte Münzen

Dem Meister wird's zu grausig fast;
Er will die Messer wetzen;
Er sieht den Dolch; er sieht den Gast;
Es packt ihn das Entsetzen;
Er zittert wie das Espenlaub,
Er macht sich plötzlich aus dem Staub
Und sendet den Gesellen.

»Einhundert Batzen mein Gebot,
Falls du die Kunst besitzest;
Doch, merk es dir, dich stech ich tot,
So du die Haut mir ritzest.«
Und der Gesell: »Den Teufel auch!
Das ist des Landes nicht der Brauch.«
Er läuft und schickt den Jungen.

»Bist du der Rechte, kleiner Molch?
Frisch auf! fang an zu schaben;
Hier ist das Geld, hier ist der Dolch,
Das beides ist zu haben!
Und schneidest, ritzest du mich bloß,
So geb ich dir den Gnadenstoß;
Du wärest nicht der Erste.«

Der Junge denkt der Batzen, druckst
Nicht lang und ruft verwegen:
»Nur still gesessen! nicht gemuckst!
Gott geb Euch seinen Segen!«
Er seift ihn ein ganz unverdutzt,
Er wetzt, er stutzt, er kratzt, er putzt:
»Gottlob! nun seid Ihr fertig.«

»Nimm, kleiner Knirps, dein Geld nur hin;
Du bist ein wahrer Teufel!
Kein andrer mochte den Gewinn,
Du hegtest keinen Zweifel;
Es kam das Zittern dich nicht an,
Und wenn ein Tröpflein Blutes rann,
So stach ich dich doch nieder.«

»Ei! guter Herr, so stand es nicht,
Ich hielt Euch an der Kehle;
Verzucktet Ihr nur das Gesicht
Und ging der Schnitt mir fehle,
So ließ ich Euch dazu nicht Zeit;
Entschlossen war ich und bereit,
Die Kehl Euch abzuschneiden.« –

»So, so! ein ganz verwünschter Spaß!«
Dem Herrn ward's unbehäglich;
Er wurd auf einmal leichenblass
Und zitterte nachträglich:
»So, so! das hatt ich nicht bedacht,
Doch hat es Gott noch gut gemacht;
Ich will's mir aber merken.«

2 Beschreibe mit eigenen Worten, worin die plötzliche Wendung in der Geschichte besteht.

3 Zeichnet zu dieser Ballade einen Comic.

1 Lest die folgende Sage und notiert euch die Handlungsschritte.

Stülpner bestraft einen unmenschlichen Förster

Eines Tages sammelte ein armes Weib sich dürres Leseholz im Walde, da kam der Förster hinzu und forderte von der Frau ein Bußgeld. Unter Wehklagen beteuerte die Frau ihre Armut, doch der Förster riss dem Weibe mit Gewalt den Korb vom Rücken, zertrat ihn mit lautem Fluch und wollte sich an der Frau vergreifen.

Stülpner, der in einem Dickicht den Vorfall bemerkt hatte, trat hervor und stellte den Förster zur Rede. Dieser begriff, dass er es mit einem unerschrockenen Gegner zu tun hatte, und so zahlte er, wie gefordert, dem armen Weibe 10 Groschen für den zertretenen Korb. Dem Förster, der wütend und beschämt davonzog, rief Stülpner noch eine ernste Warnung nach, das nächste Mal sollte er ihm nicht so billig davonkommen.

2 Schreibt über diese Begebenheit ein Bänkellied oder eine Ballade. So könnt ihr beginnen:

Hört ihr Leute, lasst euch sagen,
was sich einst hat zugetragen.

Ein armes Weib ging in den Wald,
zu Haus der Ofen blieb schon lange kalt.
Feuerholz sie wollte sammeln gehen,
Doch plötzlich blieb sie furchtsam stehen.
...

Watteau de Lille: Der Bänkelsänger, 1780

3 Zeichnet nun zu euren Strophen die passenden Bilder.

Bertolt Brecht

Der Schneider von Ulm

(Ulm 1592)

Bischof, ich kann fliegen
Sagte der Schneider zum Bischof.
Paß auf, wie ich's mach!
Und er stieg mit so 'nen Dingen
Die aussahn wie Schwingen
Auf das große, große Kirchendach.

Der Bischof ging weiter.
Das sind lauter so Lügen
Der Mensch ist kein Vogel
Es wird nie ein Mensch fliegen
Sagte der Bischof vom Schneider.

Der Schneider ist verschieden
Sagten die Leute dem Bischof.
Es war eine Hatz.
Seine Flügel sind zerspellet[1]
Und er liegt zerschellet
Auf dem harten, harten Kirchenplatz.

Die Glocken sollen läuten
Es waren nichts als Lügen
Der Mensch ist kein Vogel
Es wird nie ein Mensch fliegen
Sagte der Bischof den Leuten. R

1 *veraltet für* völlig spalten

1 Erzähle die Geschichte vom Schneider nach.

2 Schreibe zu der Ballade eine Zeitungsmeldung.

Fachübergreifendes

Fliegen wie ein Vogel in der Luft

Seit tausenden von Jahren träumen die Menschen davon, wie ein Vogel fliegen zu können. Von diesem Traum erzählen auch viele Sagen, wie die von Ikarus aus der griechischen Antike. Er versuchte, mithilfe von Adlerfedern zu fliegen, die er vorher mit Bienenwachs befestigt hat. Doch Ikarus geriet zu nahe an die Sonne, das Wachs schmolz und Ikarus stürzte in die Tiefe.

Die Flügel von verschiedenen Tieren haben sich in ihrer Form und Konstruktion über Millionen von Jahren entwickelt. Denn nicht nur Vögel können fliegen, sondern auch Insekten und sogar Fledermäuse. Dabei erzeugen sie die benötigte Luftströmung entweder durch Flügelschlagen oder sie gleiten bzw. segeln.

Seit dem Mittelalter haben viele flugbegeisterte Forscher (z. B. Leonardo da Vinci) versucht, sich mit den unterschiedlichsten technischen Erfindungen den Traum vom Fliegen zu erfüllen. Aber erst vor etwa 100 Jahren gelang es Otto Lilienthal, im Gleitflug 250 m weit zu fliegen. Das erste flugtüchtige Motorflugzeug bauten die Brüder Wright 1903. Und 1961 flog mit Juri Gagarin der erste Mensch sogar ins Weltall.

Carlo Saraceni: Sturz des Ikarus, 1606

1 Vertieft eure Kenntnisse über das Fliegen. Bereitet Kurzvorträge zu Flugtechniken von Tieren, zu den Flugkonstruktionen von Leonardo da Vinci und zu den ersten Flugversuchen von Otto Lilienthal vor.

2 Tauscht euch darüber aus, ob der Bischof auch heute noch Recht hätte. Schreibt die letzte Strophe von Brechts Ballade um.

1 Auch in diesem Lied wird eine Geschichte erzählt. Entscheide, ob dieser Text eine Ballade ist, und begründe deine Meinung.

Burkhard Lasch

Jugendliebe

Er sprach von Liebe.
Dabei waren sie noch nicht mal 15 Jahr.
Schwor große Worte
Und er küsste sie und streichelte ihr Haar.

Sie sprach von Träumen.
Und wie gerne würde sie ihm alles glauben.
Malte mit ihm Bilder
Von dem Leben, das sie sich dann beide bauten.

Refrain: Jugendliebe bringt
den Tag, wo man beginnt,
Alles um sich her ganz anders anzusehn.
Ha-ha, Lachen trägt die Zeit,
Die unvergessen bleibt,
Denn sie ist traumhaft schön!

Er traf sie wieder.
Viele Jahre sind seit damals schon vergangen.
Sieht in ihre Augen
Und er denkt zurück, wie hat es angefangen.

Refrain: Jugendliebe ...

2 Schreibt die ersten beiden Strophen so um, dass sie Dialoge enthalten.

3 Stellt Vermutungen darüber an, warum die Jugendliebe endete. Ergänzt Strophen.

4 Das Lied hat Ute Freudenberg gesungen. Besorgt euch eine Aufnahme und hört sie euch an.

Kapitel 7

Guck mal übern Tellerrand – Andere Länder, andere Sitten

Wohnzimmer einer japanischen Familie

1. Beschreibe das Foto. Welche Gemeinsamkeiten und welche Unterschiede stellst du zu deinem Zuhause fest?

2. Erkläre, was die Redensart »über den Tellerrand gucken« bedeutet.

Tischsitten in aller Welt

Die schlechte Nachricht zuerst: Überall auf der Welt müssen sich die Kinder vor dem Essen die Hände waschen! Doch Schmatzen und Schlürfen ist in China zum Beispiel erlaubt, damit sich der Geschmack des Essens im Mund besser entfalten kann. Aber bevor ihr jetzt auswandern wollt, in China essen auch schon die Allerkleinsten nicht mit Messer und Gabel, sondern mit Stäbchen. Und das braucht Übung.

In vielen arabischen und afrikanischen Ländern wird traditionell mit den Fingern der rechten Hand gegessen. Dazu hockt oder setzt man sich auf den Boden rund um Schüsseln mit Fleisch, Reis, Couscous oder Maisbrei und Fladenbrot. Das tunkt man dann in Gemüsesoße. In Afrika gilt es übrigens als höflich, dem anderen ab und zu ein leckeres Stück in den Mund zu stecken.

In Europa wird mit Messer und Gabel gegessen, in Italien lernen schon die Kinder, Spaghetti nur mit der Gabel zu drehen. Nur in Ausnahmen dürfen die Hände benutzt werden – bei Hamburgern, Garnelen oder Muscheln.

In den USA heißt es nicht »Iss mit Messer und Gabel«, denn dort ist es ganz normal, nur die Gabel zu verwenden. Die linke Hand liegt auch nicht auf dem Tisch, sondern auf dem Schoß.

1. Tragt Unterschiede in den Tischsitten verschiedener Länder und Kontinente zusammen.

2. Besorgt euch Stäbchen und probiert anhand der Anleitung einmal aus, damit zu essen.

Wusstest du schon, dass ...

- ... Australier gern Haifischsteak, Känguru, Straußen-Gulasch und Krokodil essen?
- ... es in Deutschland mehrere hundert Brotsorten gibt?
- ... Kinder in Indonesien Kokosnussfleisch bekommen, weil man dort sagt, dass es gut für das Gedächtnis ist?
- ... die Ungarn ursprünglich ein wildes Reitervolk waren und auch heute noch gerne in einem großen Topf über einer Feuerstelle im Freien kochen?
- ... amerikanische Kühlschränke eine Vorrichtung haben, mit der man sich Eiswürfel direkt ins Getränk plumpsen lassen kann?
- ... in der Schweiz das Käsefondue erfunden wurde? Dabei tunkt man Brot und andere Leckerbissen in den Topf mit geschmolzenem Käse.
- ... die zu Tansania gehörende Insel Sansibar berühmt ist für ihren Gewürzanbau, vor allem Gewürznelken, Pfeffer und Muskat?
- ... in Japan wie auch in Korea das Naseputzen am Tisch absolut verboten ist? Wen es bei Tisch in der Nase kribbelt, der sollte schnellstens ein stilles Örtchen aufsuchen.

Prijatnovo apetita

Karibu kula

Dobar tek

Itadaki-masu

Eetsmakelijk

3 Sucht die genannten Länder im Atlas und ordnet sie Kontinenten zu.

4 Ergänze die Liste mit Wissenswertem aus deiner Heimat oder mit Urlaubserlebnissen.

5 Versucht herauszubekommen, in welchen Sprachen auf dieser Seite »Guten Appetit« gewünscht wird. Entscheidet zwischen Kroatisch, Japanisch, Niederländisch, Russisch und Kisuaheli. Vergleicht mit der Lösung auf S. 159.

Rafik Schami

Andere Sitten

In Damaskus fühlt sich jeder Gastgeber beleidigt, wenn seine Gäste etwas zu essen mitbringen. Und kein Araber käme auf die Idee, selber zu kochen oder zu backen, wenn er bei jemandem eingeladen ist. Die Deutschen sind anders. Wenn man sie einlädt, bringen sie stets etwas mit: Eingekochtes vielleicht oder Eingelegtes, manchmal auch selbstgebackenen Kuchen und in der Regel Nudelsalat. Warum Nudelsalat mit Erbsen und Würstchen und Majonäse? Auch nach zweiundzwanzig Jahren in Deutschland finde ich ihn noch schrecklich.

In Damaskus hungert ein Gast am Tag der Einladung, weil er weiß, dass ihm eine Prüfung bevorsteht. Er kann nicht bloß einfach behaupten, dass er das Essen gut findet, er muss es beweisen, das heißt eine Unmenge davon verdrücken. Das grenzt oft an Körperverletzung, denn keine Ausrede hilft. Gegen die Argumente schüchterner, satter oder auch magenkranker Gäste halten Araber immer entwaffnende, in Reime gefasste Erpressungen bereit.

Deutsche einzuladen, ist angenehm. Sie kommen pünktlich, essen wenig und fragen neugierig nach dem Rezept. Ein guter arabischer Koch kann aber gar nicht die Entstehung eines Gerichts, das er gezaubert hat, knapp und verständlich beschreiben. Er fängt bei seiner Großmutter an und endet bei lauter Gewürzen, die kein Mensch kennt, weil sie nur in seinem Dorf wachsen und ihr Name für keinen Botaniker ins Deutsche zu übersetzen ist. Die Kochzeit folgt Gewohnheiten aus dem Mittelalter, als man noch keine Armbanduhr hatte und die Stunden genüsslich vergeudete. Ein unscheinbarer Brei braucht nicht selten zwei Tage Vorbereitung, und das unbeeindruckt von aller modernen Hektik.

Deutsche Gäste kommen nicht nur pünktlich, sie sind auch präzise in ihren Angaben. Wenn sie sagen, sie kommen zu fünft, dann kommen sie zu fünft. Und sollten sie wirklich einmal einen sechsten Gast mitbringen wollen, telefonieren sie vorher stundenlang mit dem Gastgeber, entschuldigen sich dafür und loben dabei die zusätzliche Person als einen Engel der guten Laune und des gediegenen Geschmacks.

So großartig Araber als Gastgeber sind, als Gäste sind sie dagegen furchtbar. Sie sagen, sie kommen zu dritt um zwölf Uhr zum Mittagessen. Um sieben Uhr abends treffen sie ein. Und vor Begeisterung über die Einladung bringen sie Nachbarn, Cousins, Tanten und Schwiegersöhne mit. Aber das bleibt ihr Geheimnis, bis sie vor der Tür stehen. Sie wollen dem Gastgeber doch eine besondere Überraschung bereiten. Einmal zählten wir in Damaskus eine Prozession von 29 Menschen vor unserer Tür, als meine Mutter ihre Schwester eingeladen hatte, um mit ihr nach dem Essen in Ruhe zu reden.

Ein leichtfertiges arabisches Sprichwort sagt: Wer vierzig Tage mit Leuten zusammenlebt, wird einer von ihnen. Seit über zweiundzwanzig Jahren lebe ich inzwischen mit den Deutschen zusammen und ich erkenne Veränderungen an mir. Aber die Mitbringsel der Gäste? Wein kann ich inzwischen annehmen, aber Nudelsalat – niemals.

1 Stelle in einer Tabelle die Beschreibung der Deutschen und der Araber als Gast und als Gastgeber gegenüber.

2 Stellt euch vor, zu welchen Missverständnissen die im Text angesprochenen Sitten führen können. Spielt sie in einer Szene vor.

3 Was wisst ihr über die Essgewohnheiten und Tischsitten in anderen Ländern? Bildet Gruppen und tragt eure Kenntnisse zu ausgewählten Ländern zusammen.

Ein internationales Fest feiern

Amerikaner essen immer nur Fastfood, bei den Russen wirft man immer die Gläser an die Wand, alle Deutschen essen gern Sauerkraut. Das stimmt nicht? Dann veranstaltet doch einmal ein großes Fest, bei dem ihr zeigt, was für euer Heimatland oder für andere Länder wirklich typisch ist.

Essen
Gerichte aus ausgewählten Ländern mitbringen und/oder gemeinsam zubereiten; typisches Geschirr bzw. Besteck verwenden

Kleidung
Poncho, Indianerschmuck, Cowboy-Hut o. Ä. mitbringen und die Herkunft des Kleidungsstückes erläutern

Capoeira – ein brasilianischer Kampftanz

Tanz
traditionelle Tänze einstudieren oder moderne Tanzformen (Capoeira, Breakdance) präsentieren

Musik
CDs mit internationaler, nichtenglischer Musik spielen, den Stil beschreiben und die Künstler vorstellen

1. Überlegt zunächst, welche Länder auf eurem Fest vertreten sein sollen.

2. Teilt nun die Aufgaben auf und beginnt mit euren Vorbereitungen. Sucht Rezepte mit internationalen Gerichten, fragt im Theaterfundus nach Kostümen, nehmt Kontakt zu Kulturvereinen auf. Bestimmt können euch auch Eltern bei dem Fest unterstützen.

Kaiserschmarren – Pfannkuchen[1] aus Österreich

Für 4 Portionen braucht man:

125 g Mehl
100 g Rosinen
0,1 Liter Apfelsaft
¼ Liter Milch
4 Eier
50 g Zucker
1 Pck. Vanillezucker
1 Prise Salz
2 Esslöffel Butter zum Ausbacken
1 Esslöffel Puderzucker zum Bestreuen

So wird der Teig zubereitet:

– Rosinen eine halbe Stunde im Apfelsaft einweichen, anschließend in ein Sieb geben und abtropfen lassen,
– Eier aufschlagen und Eigelb und Eiweiß voneinander trennen,
– in das Eiweiß eine Prise Salz geben, mit dem Mixer steif schlagen und kalt stellen,
– Eigelb, Zucker und Vanillezucker in einer Schüssel schaumig rühren,
– Mehl und Milch dazugeben und gut verrühren,
– Rosinen hinzufügen und den Eischnee vorsichtig unterheben.

Jetzt geht's ans Backen:

– Butter in einer Pfanne schmelzen,
– so viel Teig in die Pfanne füllen, bis er fingerdick den Boden bedeckt,
– etwa fünf Minuten bei mittlerer Hitze goldbraun backen, dann den Teig umdrehen und noch mal etwa fünf Minuten backen,
– den Schmarren auf einen Teller geben, mit zwei Gabeln zerzupfen und mit Puderzucker bestreuen, den restlichen Teig genauso backen.

1 Eierkuchen, Plinsen

1 Suche im Internet, woher der Name *Kaiserschmarren* stammt.

2 Probiert das Rezept bei eurem internationalen Fest aus.

3 Schreibe anhand der Stichpunkte eine Backanleitung für Kaiserschmarren.

1 Lies die beiden Texte über das Schulsystem im westeuropäischen Frankreich und im ostafrikanischen Tansania.

Schule hier und anderswo

Frankreich

In Frankreich gibt es grundsätzlich Ganztagsschulen, die um 8:00 Uhr beginnen und um 17:30 Uhr enden. Trotzdem gibt es auch noch Hausaufgaben. Die Kosten für das Mittagessen hängen vom Einkommen der Eltern ab, für Kinder aus ärmeren Familien ist es kostenlos.

Nach der fünfjährigen Grundschulzeit besuchen Mädchen und Jungen gemeinsam die Sekundarschule und legen nach vier Jahren eine Prüfung ab. Die Prüfungsergebnisse werden in einer der größten Zeitungen Frankreichs veröffentlicht. Auch die erwachsenen Franzosen können versuchen, die Prüfungsaufgaben selbst zu lösen.

Eine Schulstunde dauert zwischen 50 und 55 Minuten, in der die Lehrer meist lange Vorträge halten, während die Schülerinnen und Schüler mitschreiben.

In Frankreich gibt es neben Russland die längsten Sommerferien in Europa, nämlich bis zu drei Monaten.

Tansania

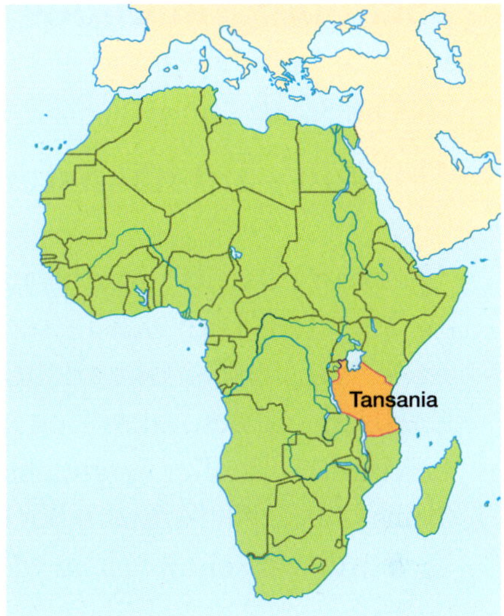

In Tansania ist es nicht selbstverständlich, lesen und schreiben zu können, obwohl 1978 eine allgemeine Schulpflicht für die Klassen 1 bis 7 eingeführt wurde. Denn Tansania ist eines der ärmsten Länder der Welt. Zwar sind staatliche Grundschulen umsonst, doch Bücher, Hefte und Schuluniformen kosten Geld, sodass viele Eltern vor der Entscheidung stehen: Stifte für ein Kind oder eine warme Mahlzeit für die ganze Familie?

Bei mehreren Geschwistern kann oft nur ein Kind eine weiterführende Schule besuchen, da diese Schulgeld kostet. Oder die Schüler müssen das Geld für die Gebühren neben der Schule selbst verdienen.

Die Schulen sind oft in keinem guten Zustand, die Räume sind kahl. In ländlichen Gegenden fehlen sogar Tische und Stühle, auch eine Tafel gibt es nicht immer. Durchschnittlich 60 Mädchen und Jungen gehen in eine Klasse.

Der Ablauf in einer Schule in Tansania sieht oft so aus: Bei einer morgendlichen Versammlung wird zunächst die Nationalhymne gesungen. Danach folgt der Unterricht bis zum Nachmittag. In der Schule gibt es Mittagessen, das von den Eltern bezahlt wird. Die Schüler bekommen auch Hausaufgaben und sie müssen viele Tests schreiben. Die Noten dafür sind in Stufen von A bis E eingeteilt, die beste Note ist das A.

2 Lege im Heft eine Tabelle an und trage die wichtigsten Informationen zum Schulalltag in Frankreich und Tansania ein.

3 Vergleiche dann beide Schulen mit deinem Schulleben.

4 Schreibe einen kurzen Sachtext über die Schule in Deutschland.

Fachübergreifendes

Stefanie Schulz, Daniel Quinlan

See you – im nächsten Sommer

Tobias rutschte unruhig auf seinem Stuhl herum. Nur noch ein paar Minuten, dann war die sechste Stunde vorbei und *endlich* Wochenende. Wie sich der Unterricht aber auch immer hinzog, besonders Englisch und besonders freitags. Diese Hausaufgaben könnte man doch bestimmt schneller vergleichen ... Endlich klingelte es zum Stundenende. Tobias steckte hastig sein Buch und seinen Kugelschreiber in den Rucksack und war schon fast aus der Tür, als er Frau Berger gegen den Lärm rufen hörte: »Die Schülerinnen und Schüler, die Ostern am Austausch teilnehmen, bleiben bitte noch fünf Minuten hier!« »Na, fantastisch«, dachte Tobias und ließ sich auf den nächstbesten Stuhl fallen.

Der Austausch war die Idee seiner Mutter gewesen. Wem sonst würde es einfallen, ihn drei Wochen ans andere Ende der Welt zu schicken, nur um seine Noten aufzubessern? Tobias Stein zumindest nicht. Was ihn anging, war eine Vier minus in Englisch keine große Sache, und auf die Osterferien ohne seine besten Freunde hatte er auch keine Lust. Wenn es nach New York gehen würde oder an den Strand nach Kalifornien, das wäre etwas anderes, aber wer hatte denn je etwas von Wisconsin gehört? [...]

»Wie bitte?!!« Entsetzt schaute Tobias seine Lehrerin an. »Ist das Ihr Ernst?!« Frau Berger schmunzelte.

»Tobias, dieser Austausch ist eine so große Chance für dich, du solltest dich freuen, dass wir eine Gastfamilie für dich gefunden haben!«

»Aber ...«, begann Tobias verzweifelt und starrte auf den Zettel in seiner Hand. Er konnte es nicht glauben. »Ich hatte doch extra angekreuzt, dass ich einen Gast*bruder* haben will!«

»Tut mir leid, Tobias«, sagte Frau Berger. »Wir konnten nicht alle Wünsche berücksichtigen. Ich bin sicher, du wirst dich mit deiner Gastschwester bestens verstehen.«

Tobias schüttelte wütend den Kopf, stopfte den Zettel in seine Hosentasche und stürmte aus dem Klassenzimmer. [...]

1 Nenne das Problem, das Tobias hat.

2 Tobias und seine Gastschwester Britney tauschen eine erste E-Mail aus. Lies sie und versuche, die englischen Sätze zu übersetzen oder ihre Bedeutung aus dem Zusammenhang zu erschließen.

To:	Britney Summerfield
From:	Tobias Stein
Subject:	Austausch

Hello Britney,
my name is Tobias. I'm from Germany. Do you speak German? I hope so. Ich komme in deine Familie. Mit dem Austausch. Und ich wollte mich vorstellen. Ich versuche es mal wieder auf Englisch, bin aber nicht so gut.
I'm 15 years old. I'm in the 9th grade. My hobbies are: football and inline skating. My parents are teachers. I have no sisters or brothers. Do you have a brother?
I live in Göttingen. That's almost in the middle of Germany. How is Wisconsin? Und was sind deine Hobbys?
Tobias

To:	Tobias Stein
From:	Britney Summerfield
Subject:	RE: Austausch

Hi Tobias,
danke für die Mail. Ich kann nicht sprechen viel auf Deutsch. Ich lerne Deutsch in der Schule. Ich bin 15 Jahre alt.
As you can see, my German isn't as good as your English. I'm in the ninth grade, too. I like sports, too, especially soccer. I think soccer

and European football are the same thing. Maybe we can play together when you come here.

My mom is a nurse and my dad is a dentist. I have a little sister, her name is Brianne and she is 5 years old.

Here is some information about Wisconsin. It's by Lake Michigan, and Milwaukee is the biggest city around here. Sometimes people call us cheeseheads, which means Kase-Kopfe (how do you make those dots over the letters on a computer keyboard? I can't find them on mine!). There are many cows here and Wisconsin macht viel Kase (with the dots over the ‹a› again).

Write me if you have any more questions. Otherwise I will see you in a week.

Bis dann, Britney

Es war bereits eine knappe Woche vergangen, seit Tobias die Antwort von Britney gelesen hatte. Die Mail war ja ganz okay, aber manches fand er ein bisschen blöd. Eine kleine Schwester half ihm schon mal gar nicht weiter; er hatte insgeheim auf einen Bruder gehofft. Und Wisconsin war berühmt für Kühe und Käse? Das klang ja nicht gerade aufregend. Und diese Britney behauptete tatsächlich, sie würde Fußball spielen? Tobias kannte kein Mädchen, das sich überhaupt für Fußball interessierte.

Und dann wollte sie auch noch *mit ihm* spielen! »Lächerlich!«, dachte Tobias. »So weit kommt es noch, dass ich mit einem Mädchen kicke!«

Dann fiel ihm wieder ein, was Jonas und Matthias gesagt hatten. Fußball hin oder her, vielleicht war diese Britney nachher doch ganz süß! Eine amerikanische Freundin hatte zumindest noch keiner seiner Freunde gehabt …

3 Trage zusammen, was du über Tobias und Britney erfährst. Welche Gemeinsamkeiten haben sie?

4 Tauscht euch darüber aus, was Britney wohl über die Einstellung ihres Gastbruders zum Thema »Mädchenfußball« denkt. Schreibt eine Mail an Tobias auf Deutsch oder Englisch.

5 Lies nun, wie Tobias am Flughafen von Britney und seiner Gastfamilie empfangen wird.

Mr Summerfield stellte Tobias eine Frage nach der anderen. »How was your flight?«

»Have you been to America before?«

»Do you like American cars?« Und so weiter. Tobias versuchte, all seine Fragen zu beantworten, aber es war richtig schwierig, plötzlich so viel Englisch zu sprechen. Er dachte auch darüber nach, was er zu Britney sagen könnte, aber ihm fiel nicht das Geringste ein.

Sie waren bestimmt schon zehn Minuten auf einem riesigen Parkplatz herumgelaufen, als sie endlich beim Auto der Summerfields ankamen.

»Wow! Das Auto ist ja riesig! Da passt der Golf von Mama dreimal rein!«, dachte Tobias. Laut sagte er: »That's a very big car!« Britney und ihr Vater schauten sich an und grinsten.

»This is the *small* car, Tobias«, sagte Mr Summerfield, »wait until you see the *other* one!«

Tobias war beeindruckt.

Nachdem Mr Summerfield sein Gepäck im Kofferraum verstaut hatte, setzte Tobias sich auf die Rückbank des Autos. Britney setzte sich auf den Platz neben ihrem Vater. Als Mr Summerfield losfuhr, schaute Tobias sich zum ersten Mal richtig um.

»Das ist also Amerika«, dachte er und lehnte sich zurück. Unmengen von Autos, vierspurige Straßen und hohe Gebäude. [...]

6 Welche ersten Eindrücke sammelt Tobias in Amerika?

7 Stellt euch vor, ihr sollt eine Freundin / einen Freund davon überzeugen, zu einem Schüleraustausch zu fahren. Überlegt euch dafür Gründe.

Riccarda Langer

Mexiko – für ein Jahr

Mit meinen Gastfamilien hatte ich riesiges Glück. Jede Familie für sich war ganz eigen und irgendwie war auch alles sehr mexikanisch: sehr herzlich und immer bereit für eine Fiesta! Die mexikanische Familie besteht nicht nur aus Vater, Mutter und Kindern, sondern einem zusätzlichen Dutzend Tanten und Onkel und noch mehr Cousinen und Cousins. Bei Familientreffen dreht sich meistens alles um das Essen. Davon gab es viel und lecker, sodass die für den Austausch typische Gewichtszunahme vorprogrammiert ist. Aus Erfahrung weiß ich: An viel Chili kann man sich mit ein bisschen Übung gut gewöhnen.

Wie bei den meisten Austauschschülern regelte sich bei mir das »Problem« Sprache relativ schnell. Wenn man muss, dann kann man auf einmal jede Sprache der Welt sprechen. Die Alternative wäre ansonsten, ein ganzes Jahr zu schweigen und niemanden kennen zu lernen.

Außer dem Leben in der Familie gibt es noch den Schulalltag. Der ist nun wirklich schwerlich mit dem deutschen Ablauf zu vergleichen. Zunächst einmal gibt es da die Schuluniform. [...] Ich stellte fest, dass die Qual der Wahl vor dem Kleiderschrank somit entfiel und man fünf Minuten länger im Bett bleiben konnte. Die brauchte ich auch, denn die Schule fing schließlich schon um 7 Uhr morgens an. Entweder begann der Tag direkt mit dem Unterricht oder aber man musste zur Fahnenehrung. Dort wurden die mexikanische Nationalhymne gesungen und die wichtigsten Neuigkeiten verkündet.

Zwischendurch hatte ich die Möglichkeit, viel von Mexiko zu sehen. Ich lernte das Mexiko der Mayas und Azteken, aber auch das koloniale Mexiko der Spanier kennen.

Man könnte jetzt meinen, mit dem Rückflug wäre der Austausch nun zu Ende und alles ist so wie vorher. Ist es aber nicht. Durch die Erfahrung des Austausches bin ich toleranter, höflicher und respektvoller geworden.

1. Teile den Text in Abschnitte ein und suche Zwischenüberschriften.

2. Tragt zusammen, welche Erfahrungen die Autorin in Mexiko gesammelt hat.

Schüleraustausch in Zahlen

Jedes Jahr nehmen tausende Jugendliche an einem Schüleraustauschprogramm von drei und mehr Monaten Dauer teil. Die ausgewählten Länder sind dabei über die ganze Welt verteilt.

Schuljahr 2014/15 Gesamtteilnehmer: 13 900 deutsche Jugendliche

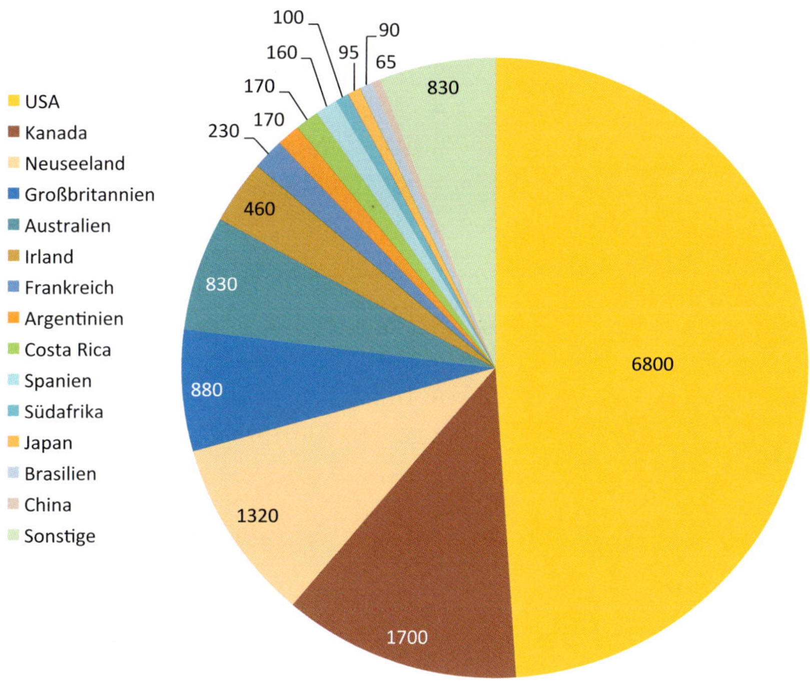

1 Werte das Tortendiagramm aus. In welche Länder zieht es Jugendliche am häufigsten? Wo gibt es nur wenige Austauschschüler? Welche Sprache wird in diesen Ländern jeweils gesprochen?

2 Überlegt, warum die Verteilung der Austauschschüler so unterschiedlich ist.

3 In welchem Land würdest du gern einmal mehrere Monate verbringen? Begründe deine Wahl.

4 Berechne die prozentuale Verteilung der Austauschschüler.

Hans Manz

Das Fremde macht Angst?

Für uns
sind die andern anders.

Für die andern
sind wir anders.

Anders sind wir,
anders die andern,
wir alle andern.

Nasrin Siege

Dialog

A Du redest so gut deutsch.
Wo kommst du denn her?
B Aus Hamburg.
A Wieso? Du siehst aber nicht so aus!
B Wie sehe ich denn aus?
A Na ja, so schwarzhaarig und dunkel …
B Na und?
A Wo bist du denn geboren?
B In Hamburg.
A Und dein Vater?
B In Hamburg.
A Deine Mutter?
B Im Iran.
A Da haben wir's!
B Was denn?
A Dass du keine Deutsche bist!
B Wer sagt das?
A Na ich!
B Warum?
A Weiß ich auch nicht …

1 Erkläre das Wortspiel im Gedicht von Hans Manz. Achte dabei auf die Bedeutung der Wörter *anders, die andern* und *das Fremde.*

2 Lies den Dialog und gib den Inhalt des Gesprächs mit eigenen Worten wieder.

3 Welche Position vertritt Person A? Wie bewertest du diese Meinung?

4 Sammelt Argumente für beide Positionen und führt den Dialog fort.

Evelyne Stein-Fischer

Gefühle

Die Freude der Afrikaner ist nicht schwarz,
der Schmerz der Asiaten nicht gelb,
der Hunger der Indianer nicht rot.
Sie lachen und weinen wie du.
Ihre Angst kennt nur den *einen* Schrei,
leise oder laut,
in tausend Sprachen
gleich.

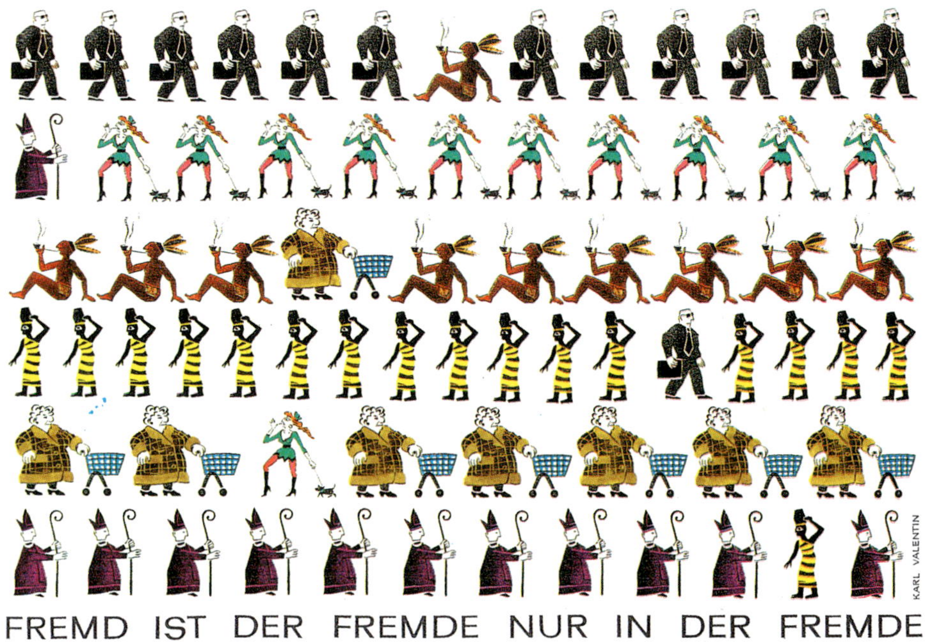

Plakat von Annette Munk (1991)

1. Beschreibe, worüber Evelyne Stein-Fischer in ihrem Gedicht spricht.

2. Suche für das Gedicht »Gefühle« weitere Dinge, die für alle Menschen gleich sind. Schreibe damit eine Fortsetzung

Sprichwörter aus aller Welt

1 Lies die folgenden Sprichwörter und erläutere, welche Eigenheit des Landes sie widerspiegeln.

Der Büffel prahlt nicht
mit seiner Kraft,
wenn der Elefant da ist.
Aus Ägypten

Je kleiner die Eidechse, umso größer ist
ihre Hoffnung, ein Krokodil zu werden.
Aus Äthiopien

Keep your breath
to cool your porridge.
Aus England

Wenn ein Schaf über dem Damm ist,
folgen die anderen.
Aus den Niederlanden

Eine Freundschaft ist wie eine Tasse Tee.
Sie muss klar und durchscheinend sein,
und man muss auf den Grund
schauen können.
Aus China

Solange man den Bären nicht erlegt hat,
sollte man sein Fell nicht verkaufen.
Aus Russland

2 Wählt ein Sprichwort aus und sucht dazu ein passendes deutsches Sprichwort.

3 Übersetze das englische Sprichwort und suche dazu eine deutsche Entsprechung. Vergleiche mit der Lösung auf S. 159.

Merkwissen

Anekdote	(*griech.* anékdota – das nicht Herausgegebene) Eine ursprünglich mündlich überlieferte Geschichte, in der typische Eigenheiten einer bekannten Persönlichkeit, einer gesellschaftlichen Gruppe oder das Charakteristische eines bestimmten Ereignisses wiedergegeben werden. Anekdoten sind meist kurz und witzig und enden oft mit einer → Pointe.
Autor, Autorin	(*lat.* auctor – Urheber, Verfasser) Verfasser von literarischen (erzählenden, lyrischen, dramatischen) Texten, aber auch von Drehbüchern, Fernsehspielen oder Sachtexten (Fachbuch-, Lehrbuch-, Sachbuchautor).
Ballade	(*ital.* ballata – Tanzlied) Zunächst ein zum Tanzen gesungenes Lied mit Refrain, das sich ab Mitte des 18. Jh. zum Erzählgedicht mit einer spannenden bzw. dramatisch zugespitzten Handlung entwickelte. Erzählt wird in Strophen und meist in gereimter Form.
Bänkellieder	(auch Bänkelsang) Erzählen eine meist dramatische Geschichte. Wurden von umherziehenden Jahrmarktsängern vorgetragen, die auf einer Holzbank standen, oft von einer Drehorgel oder Violine begleitet. Außerdem wurde das Geschehen mithilfe einer Bildtafel verdeutlicht.
Blackout	(*engl.* Aussetzer) Der Blackout ist die kürzeste Theaterform und besteht aus einer unerwarteten und überraschenden → Pointe. Er kann in einem beliebigen Raum ohne Kulisse gespielt werden. Requisiten werden nur andeutungsweise verwendet (z. B. eine Kittelschürze für die tratschende Hausfrau). Im Augenblick der Pointe wird ein Scheinwerfer abrupt abgeschaltet oder es ertönt ein lauter Gong.
Brainstorming	(*engl.* brain – Gehirn, storm – Sturm) Eine Methode zur Ideenfindung oder Problemlösung. Dabei werden Gedanken, Gefühle, Ideen und Begriffe zu einer Frage oder einem Problem gesammelt und ungeordnet notiert.
Cluster	(*engl.* Haufen, Schwarm, Anhäufung, Traube) Genau wie → Brainstorming eine Methode zur Ideenfindung oder Problemlösung. Auch hier werden um einen Ausgangsbegriff herum spontan und schnell damit verbundene Gedanken, Gefühle, Erlebnisse geäußert. Diese werden allerdings nicht völlig ungeordnet aufgeschrieben, sondern wie ein Netz miteinander verkettet, sodass bestimmte ursächliche Zusammenhänge sichtbar werden.

Dialog	(*griech.* dialogos – Wechselrede, Zwiegespräch) Unterredung zwischen zwei oder mehreren Personen im Unterschied zum → Monolog (Selbstgespräch). → Szenische Texte bestehen fast ausschließlich aus Dialogen.
Erzähler, Ich-Erzähler	Eine vom → Autor geschaffene → Figur, die die Geschichte erzählt, d. h., Autor und Erzähler sind immer zu unterscheiden. Eine Autorin kann z. B. einen männlichen Erzähler die Geschichte vortragen lassen. Schildert eine Figur die Ereignisse in der Ich-Form, dann handelt es sich um einen Ich-Erzähler.
Erzähl-perspektive	Die Perspektive (Sicht), aus der ein Geschehen erzählt wird. Eine Erzählung kann aus der Sicht einer beteiligten Person erzählt sein, d. h. in der Ich-Form, oder der Erzähler befindet sich außerhalb des erzählten Geschehens, d. h., es wird in der Sie- oder Er-Form erzählt.
Fabel	(*lat.* fabula – Erzählung) Kurze Geschichte, mit der eine Lehre oder Moral vermittelt wird. Meist handeln sie von Tieren, die menschliche Eigenschaften verkörpern, z. B. der listige Fuchs.
Fastnachtsspiel	Theaterform, die im Mittelalter entstand und am Anfang vorrangig um Fastnacht herum aufgeführt wurde. Dabei zogen junge Burschen verkleidet von einem Haus zum anderen, um ihre Bekannten mit derben Scherzen zu belustigen. Dies führte allmählich zu wirklichen Vorstellungen, die mit einem Dialog, später sogar mit szenischen Anordnungen verbunden wurden und weltliche und komische Elemente in sich aufnahmen. Es gab keine Bühne, keine Regieanweisungen, keine aufwändigen Requisiten. Die Spieler waren meist Handwerksgesellen. Der wohl bekannteste und berühmteste Vertreter dieser Zeit ist Hans Sachs.
Figur	(*lat.* figura – Gestalt, Wuchs) Jede Person, die in einem literarischen Text vorkommt.
Gedicht	In einem Gedicht möchte der → Autor Gedanken und Gefühle zu einem bestimmten Thema ausdrücken (z. B. Natur, Liebe, Politik). Dabei verwendet er oft → sprachliche Bilder. Gedichte kann man in → Strophen unterteilen, die aus mehreren → Versen bestehen. Sie haben einen bestimmten Rhythmus und können sich nach einem bestimmten Schema → reimen. In Gedichten spricht oft ein → lyrisches Ich, das nicht mit dem Autor verwechselt werden darf.
Gestik	Bezeichnet Körperbewegungen, um Aussagen zu unterstützen oder um sich ohne Worte zu verständigen.

Haiku	(*jap.* lustiger Vers) Ist die kürzeste Gedichtform, die ursprünglich aus Japan stammt. Das Haiku besteht aus 17 Silben, die auf drei Verse zu 5, 7, 5 Silben verteilt sind. Themen sind vor allem Beobachtungen aus der Natur.
Handlung	Der → Erzähler lässt seine Figuren in unterschiedlichen Situationen handeln. Dabei unterscheidet man die äußere Handlung, die das sichtbare Geschehen, die Außenwelt, zeigt. Hier handeln und sprechen die Figuren direkt. Die innere Handlung dagegen umfasst die Gedanken und Gefühle der Figuren, also deren Innenwelt.
Hörspiel	Ein für den Hörfunk produziertes oder bearbeitetes Stück, das allein mit akustischen Mitteln (Wort, Ton, Geräusche) arbeitet.
Kalendergeschichte	Kurze Erzählungen, die seit dem 16. Jahrhundert für Kalender geschrieben wurden. Gegenstand sind in der Regel merkwürdige, lustige oder nachdenklich stimmende Begebenheiten, die die Leser unterhalten und belehren sollen. Etwa seit dem 20. Jh. erscheinen sie überwiegend in Buchform. Zu den bekanntesten Autoren solcher Kalendergeschichten gehören Johann Peter Hebel, Erwin Strittmatter und Bertolt Brecht.
Konflikt	(*lat.* conflictus – Zusammenstoß) Problem der Hauptfigur, das sie im Verlauf der Handlung lösen muss. Das kann ein Streit sein oder eine schwierige Entscheidung.
Literatur	(*lat.* litterātūra – Buchstabenschrift, Schrifttum) Bezeichnung für alle Texte, die aufgezeichnet und veröffentlicht werden. Manchmal wird der Begriff *Literatur* auch in einem engeren Sinn verwendet und meint dann vor allem die künstlerische Literatur.
lyrisches Ich	Bezeichnet den Sprecher des Gedichts, also das sprechende, künstlerisch gestaltete Ich, das nicht mit dem Ich des → Autors übereinstimmt.
Märchen	(*mhd.* mære – Kunde, Mitteilung) Kurze Erzählung mit meist fantastischem Inhalt. Man unterscheidet die mündlich überlieferten Volksmärchen, wie die von den Brüdern Grimm gesammelten „Kinder- und Hausmärchen", und die von einem → Autor verfassten Kunstmärchen, z. B. von Hans Christian Andersen. Die Figuren haben typische Eigenschaften und sind in Gut und Böse unterschieden. Die Handlung ist oft in drei Teile gegliedert, häufig gibt es wiederkehrende Zauber- und Verwünschungsformeln sowie ähnliche sprachliche Wendungen zu Beginn und am Ende.

Metapher	(*griech.* metaphora – Übertragung) Ein Wort wird nicht in seiner eigentlichen Bedeutung gebraucht, sondern im bildlichen, übertragenen Sinne. Diese Bedeutungsübertragung entsteht aufgrund eines gemeinsamen Merkmals, z. B. *Stuhlbein* oder *Lebensabend*. Metaphern kommen in unserer Umgangssprache häufig vor, in Gedichten werden sie bewusst zur Veranschaulichung einer Aussage eingesetzt.
Mimik	Bezeichnet den Gesichtsausdruck. Im Alltag und auf der Bühne oder im Film kann man an der Mimik die Gefühle eines Menschen ablesen.
Monolog	(*griech.* monologos – allein sprechend) Selbstgespräch einer Person im Gegensatz zum Zwiegespräch (→ Dialog). Im Drama, aber auch in erzählender Literatur kann eine handelnde Figur in einem Monolog ihre Gedanken äußern.
Parallelgedicht	Übernimmt das Muster des Vorbilds und füllt es mit neuem Inhalt.
Personifizierung	Naturerscheinungen oder Gegenstände verhalten sich wie Menschen, z. B. *beißender Frost, das Haus ächzte im Sturm.*
Pointe	(*frz.* Spitze, Schärfe) Unerwartete Wendung, z. B. zum Schluss einer → Anekdote, mit dem Ziel, durch ihren Witz die Zuhörer oder Leser zum Lachen zu bringen.
Puppenspiel	(auch Figurentheater) Sonderform des darstellenden Spiels, bei dem Figuren oder Gegenstände von einem meist verdeckten Puppenspieler geführt werden.
Refrain	(*frz.* Echo) Regelmäßig wiederkehrende Wortgruppe in Liedern oder Gedichten, die meist zwischen den einzelnen Strophen steht.
Regieanweisung	(*frz.* régie – Verwaltung) Hinweise des Bühnenautors zu Bühnenbild, Sprechweisen, Figurenverhalten und Kostümen. Diese Hinweise werden nicht mitgesprochen. Im Text sind sie meist schräg gedruckt oder in Klammern gesetzt.
Reim	Gleichklang von Wörtern *(Hut – gut)*. Die häufigste Reimform ist der Endreim, d. h., Wörter reimen sich am Ende zweier → Verse. Endreime sind z. B. der Paar-, der Kreuz- und der umarmende Reim. Beim Paarreim reimen sich zwei Verse unmittelbar aufeinander (Form: aabb). Beim Kreuzreim reimt sich ein Vers jeweils mit dem übernächsten (Form: abab). Und beim umarmenden Reim wird ein Paarreim von einem anderen Reim umschlossen (Form: abba).

Sage	Mündlich überlieferte Erzählung von teils wunderbaren Begebenheiten, die sich auf historische Ereignisse, Naturerscheinungen oder landschaftliche Eigenheiten beziehen. In der Sage können auch Zwerge, Elfen, Riesen, vermenschlichte Tiere oder Menschen mit übernatürlichen Fähigkeiten auftreten, im Gegensatz zum Märchen wird jedoch ein höherer Realitätsanspruch gestellt. Man unterscheidet Heimat- und Ortssagen (wie »Krabat« oder »Die Rosstrappe«), Göttersagen (wie »Prometheus«) oder Heldensagen (wie »Der Trojanische Krieg« oder »Ring der Nibelungen«).
Sketch	(*engl.* Skizze) Kurze, witzige Szene mit überraschender Wendung.
Schwank	(*mhd.* swanc – Streich, Hieb) Seit dem 15. Jh. Bezeichnung für eine kleine Erzählung in Versen oder auch in Prosa mit scherzhaftem oder moralischem Inhalt. Oft handeln Schwänke von lustigen Begebenheiten, kleinen Pannen im Alltag oder auch der Überlistung eines dummen Menschen durch einen klugen, wie bei Till Eulenspiegel oder Hodscha Nasreddin.
sprachliche Bilder	Geben menschliche Erfahrungen, Gefühle oder Gedanken wieder, die manchmal nur für unser »inneres Auge« vorstellbar sind.
Stegreifspiel	Kurzes unvorbereitetes Rollenspiel zu einem Thema.
Strophe	(*griech.* strophe – Wendung, Dehnung) Abschnitt eines Gedichts, der sich aus mehreren → Versen zusammensetzt.
Szene	(*griech.* skene – Zelt, Bühne) Sinneinheit innerhalb einer Handlung. Sie ist die kleinste Einheit eines Theaterstücks, oft werden mehrere Szenen zu einem Akt zusammengefasst. Im Film besteht eine Szene aus einer oder mehreren Einstellungen.
szenischer Text	Wird in → Dialogen geschrieben, es gibt keinen → Erzähler. Ziel ist es, den Text als Handlung zu spielen. Oft gibt es → Regieanweisungen mit Hinweisen zur Handlung oder zum Sprechen.
Vergleich	Verbindet Wörter oder Wortgruppen mit »wie« oder »als (ob)«, um etwas miteinander zu vergleichen und dadurch deutlicher zu machen. Wird in der Alltagssprache verwendet oder als sprachliches Mittel im Gedicht (z. B. *Die Luft ist wie aus grauem Tuch.*).
Vers	(*lat.* versus – Wendung, Linie) Bezeichnet die einzelne Gedichtzeile. Mehrere Verse ergeben eine → Strophe.
Witz	Eine kurze Geschichte mit einem überraschenden und lustigen Ende (→ Pointe).

Quellenverzeichnis

Als Goethe im Februar 1784 ... (S. 74). Aus: Köhler, Peter (Hg.): Das Anekdotenbuch. Stuttgart: Reclam, 1997, S. 124.

Als sich Mark Twain auf einer Vortragstournee durch Europa befand ... (S. 74). Nach: Hoffmeister, Heribert: Anekdotenschatz. Von der Antike bis auf unsere Tage. Berlin: Verlag Praktisches Wissen F. W. Peters, 1974, S. 161.

Brecht, Bertolt (1898–1956): *Die Pappel vom Karlsplatz (S. 54).* Aus: B. B.: Gesammelte Werke in 20 Bänden, Band 10. Frankfurt/M.: Suhrkamp Verlag, 1967, S. 975. *Herr Keuner und die Flut (S. 80).* Aus: B. B.: Gesammelte Werke in 20 Bänden, Band 12. Frankfurt/M.: Suhrkamp Verlag, 1967, S. 402. *Der Schneider von Ulm (S. 130).* Aus: B. B.: Gesammelte Werke in 20 Bänden, Band 9. Frankfurt/M.: Suhrkamp Verlag, 1967, S. 645 f.

Cabot, Meg (geb. 1967): *Plötzlich Prinzessin!* (Auszug) *(S. 50).* Aus dem Amerikanischen von Katarina Ganslandt. München: C. Bertelsmann Verlagsgruppe, 2001, S. 151 f.

Chamisso, Adelbert von (1781–1838): *Der rechte Barbier (S. 126).* Aus: Laufhütte, Hartmut (Hg.): Deutsche Balladen. Stuttgart: Reclam jun., 1995, S. 150 ff.

Comida, Luciano (geb. 1954), **Iliopoulos, Vagelis** (geb. 1964): *Dreizehneinhalb* (Auszug) *(S. 38).* Übersetzung aus dem Griechischen von Doris Wille, Übersetzung aus dem Italienischen von Ingrid Ickler. Frankfurt/M.: Baumhaus Verlag, 2009, S. 11 ff.

Das Zugunglück auf der Tay-Brücke (S. 122). Aus: Zürcherische Freitagszeitung vom 2. Januar 1880.

Der englische Buchautor und Journalist Gilbert Keith Chesterton ... (S. 74). Aus: Ward, Maisie: Gilbert Keith Chesterton. Regensburg: Pustet, 1956.

Der Liebe Leid (S. 108). Aus: Stemmle, R. A. (Hg.): Herzeleid auf Leinewand. Sieben Moritaten. München: Bruckmann, 1962.

Der Schriftsteller Zoran Drvenkar über sich selbst (S. 12). Aus: http://www.leserwelt.de [31. 08. 2009] und http://www.drvenkar.de/autor/ [31. 05. 2010]

Domma, Ottokar (eigtl. Otto Häuser, 1924–2007): *Unsere Seereise (S. 84).* Aus: O. D.: Ottokar, das Früchtchen. Berlin: Eulenspiegelverlag, 1985, S. 200 ff.

Droste-Hülshoff, Annette von (1797–1848): *Der Knabe im Moor (S. 118).* Aus: Häckel, Manfred (Hg.): A. v. D.-H.: Werke und Briefe in zwei Bänden. Bd. I. Leipzig: Insel Verlag, 1976, S. 344 ff.

Drvenkar, Zoran (geb. 1967): *Niemand so stark wie wir* (Auszug) *(S. 13).* Reinbek: Rowohlt Taschenbuch Verlag, 1998, S. 15 ff.

Eichendorff, Joseph von (1788–1857): *Winternacht (S. 63).* Aus: Joseph von Eichendorff: Werke. Band 1. Biographische Einleitung und Gedichte. Leipzig: Voigt & Günther, 1864, S. 607 f.

Fontane, Theodor (1819–1898): *Mittag (S. 58).* Aus: Fontanes Werke in fünf Bänden. Bd. 1. Berlin, Weimar: Aufbau Verlag, 1975, S. 3 f. *Die Brück am Tay (S. 123).* ebenda, S. 46 ff.

Fröhlich, Abraham Emanuel (1796–1865): *Die Nützlichen (S. 68).* Aus: A. E. F.: Fabeln. Aarau: Sauerländer, 1829, S. 11.

Funke, Cornelia (geb. 1958): *Die Wilden Hühner auf Klassenfahrt* (Auszug) *(S. 8).* Hamburg: Dressler Verlag, 1996, S. 9 ff.

Gallauner, Lisa (geb. 1978): *Verzieh dich!* (Auszug) *(S. 98).* © 2010 by UNDA Verlag

Goethe, Johann Wolfgang von (1749–1832): *Der Zauberlehrling (S. 111).* Aus: J. W. v. G.: Werke. Hamburger Ausgabe in 14 Bänden, Band I. München: Deutscher Taschenbuch Verlag, 1996, S. 276.

Goldman Koss, Amy (geb. 1954): *Vorsicht Freundinnen!* (Auszug) *(S. 27).* Deutsch von Gabriele Kosack. München: Deutscher Taschenbuch Verlag, 2002, S. 7 ff.

Hebbel, Friedrich (1813–1863): *Herbstbild (S. 63).* Aus: Pörnbacher, Karl (Hg.) Friedrich Hebbel. Werke in zwei Bänden. Erster Band. München, Wien: Carl Hanser Verlag, 1978, S. 12.

Hebel, Johann Peter (1760–1856): *Seltsamer Spazierritt (S. 77).* Aus: Theiss, Winfried (Hg.): Johann Peter Hebel. Schatzkästlein des rheinischen Hausfreundes. Kritische Gesamtausgabe. Stuttgart: Reclam, 1999, S. 116 f.; *Der Barbierjunge von Segringen (S. 78).* Aus: ebenda, S. 159 ff.

Heine, Heinrich (1797–1856): *Verdrossen (S. 59).* Aus: Nat. Forschungs- und Gedenkstätten der klassischen deutschen Literatur (Hg.): Heines Werke in fünf Bänden. Band 1. Gedichte. Bibliothek deutscher Klassiker. Berlin und Weimar: Aufbau Verlag, 1986, S. 121. *Leise zieht durch mein Gemüt (S. 62).* Aus: ebenda, S. 127.

Jandl, Ernst (1925–2000): *my own song (S. 34).* Aus: E. J.: Selbstporträt des Schachspielers als trinkende Uhr. Gedichte. Darmstadt, Neuwied: Luchterhand Verlag, 1983, S. 5; *im park (S. 57).* Aus: idyllen. gedichte. Frankfurt am Main: Luchterhand Literaturverlag, 1989, S. 57.

Kaiserschmarren – Pfannkuchen aus Österreich (S. 139). Nach: Floto-Stammen, Sonja: Wo Schmatzen und Schlürfen erlaubt ist. 35 Lieblingsrezepte aus aller Welt von Kindern für Kinder. Kempen: Moses Verlag, 2008, S. 19.

Kästner, Erich (1904–1974): *Die Bäume (S. 53).* Aus: Hartung, Harald und Brinkmann, Nicola (Hg.): Kästner, Erich: Zeitgenossen, haufenweise. Gedichte. München, Wien: Carl Hanser Verlag, 1998, S. 295. *Die Wälder schweigen (S. 61).* Aus: ebenda, S. 257.

Kirsch, Sarah (1935-2013): *Im Sommer (S. 62).* Aus: S. K.: Rückenwind. Ebenhausen: Verlag Langewiesche-Brand, 1974, S. 51.

Kordon, Klaus (geb. 1943): *Biologie (S. 68).* Aus: Hans-Joachim Gelberg (Hg.): Überall und neben dir. Weinheim, Basel: Beltz Verlag, 1986, S. 110.

Kunert, Günter (geb. 1929): *Wohnen auf dem Lande (S. 67).* Aus: Deutsche Naturlyrik. Stuttgart: Reclam, 1995, S. 394.

Langer, Riccarda: *Mexiko – für ein Jahr (S. 146).* Aus: http://www.bundesregierung.de/Content/DE/Magazine/MagazinEntwicklungspolitik/080/t6-austauschjahr-in-mexiko.html [31. 05. 2010]

Lasch, Burkhard (geb. 1940): *Jugendliebe (S. 132).* Aus: http://www.ute-freudenberg.de/jugend.html [31. 05. 2010]

Loriot (eigentlich Bernhard Victor Christoph-Carl von Bülow, kurz Vicco von Bülow, 1923-2011): *Das Frühstücksei (S. 94).* Aus: Loriot: Gesammelte Prosa. © Zürich: Diogenes Verlag, 2006.

Luther, Martin (1483–1546): *Vom Wolff vnd Lemlin (S. 70).* Aus: Elschenbroich, Adalbert (Hg.): Deutsche Literatur des 16. Jahrhunderts. Band II. München, Wien: Carl Hanser Verlag, 1981, S. 750. *Wolf und Lämmlein (S. 71).* Aus: Fabeln aus drei Jahrtausenden. Ausgewählt von Reinhard Dithmar. Zürich: Manesse-Verlag, 1976, S. 79 f.

Maar, Paul (geb. 1937): *Der Mann, der nie zu spät kam (S. 81).* Aus: P. M.: Der Tag, an dem Tante Marga verschwand und andere Geschichten. Hamburg: Friedrich Oetinger, 1986, S. 83 ff.

Manz, Hans (geb. 1931): *Frühling (S. 64).* Aus: www.lyrikline.org [31. 05. 2010]. *Das Fremde macht Angst? (S. 148).* Aus: H. M.: Lieber heute als morgen. Gedichte. Weinheim, Basel: Beltz Verlag, 1988, S. 98.

Richter, Jutta (geb. 1955): *Hechtsommer* (Auszug) *(S. 22).* München: Reihe Hanser bei dtv, 2008, S. 13 ff. © München, Wien: Carl Hanser Verlag, 2004.

Riedl, Franz Xaver: *Blackouts (S. 90).* Handbuch Sketche für die 5.–9. Jahrgangsstufe. Puchheim: pb-verlag, 1995, S. 33, 47.

Rühm, Gerhard (geb. 1930): *naturbeschreibung (S. 65).* Aus: Deutsche Naturlyrik. Stuttgart: Reclam, 1995, S. 399.

Sachs, Hans (1494–1576): *Das Kälberbrüten* (Auszug) *(S. 96).* Leipzig: Verlag Erich Matthes, 1921.

Schami, Rafik (geb. 1946): *Andere Sitten (S. 136).* Aus: R. S.: Gesammelte Olivenkerne aus dem Tagebuch der Fremde. München: Deutscher Taschenbuch Verlag, 2000, S. 133 f.

Schiller, Friedrich (1759–1805): *Der Handschuh (S. 114).* Aus: Thalheim, Hans-Günther u. a. (Hg.): Friedrich Schiller. Sämtliche Werke in zehn Bänden. Berliner Ausgabe. Band 1. Berlin, Weimar: Aufbau Verlag, 2005, S. 426.

Schüleraustausch in Zahlen (S. 147). Nach: http://www.weltweiser.de/grafik/Statistik/2015/Gastlaender_2014_15jpg [26.11.2015]

Schulz, Stefanie (geb. 1978), **Quinlan, Daniel** (geb. 1979): *See you – im nächsten Sommer. Eine deutsch-englische Geschichte* (Auszug) *(S. 142).* Reinbek bei Hamburg: Rowohlt, 2006, S. 7 ff.

Siege, Nasrin (geb. 1950): *Dialog (S. 149).* Aus: Bartholl, Silvia (Hg.): Texte dagegen. Autorinnen und Autoren schreiben gegen Fremdenhass und Rassismus. Weinheim, Basel: Beltz & Gelberg, 1993, S. 29.

Stein-Fischer, Evelyne: *Gefühle (S. 149).* Aus: Bartholl, Silvia (Hg.): Texte dagegen. Autorinnen und Autoren schreiben gegen Fremdenhass und Rassismus. Weinheim, Basel: Beltz & Gelberg, 1993, S. 180.

Storm, Theodor (1817–1888): *Die Stadt (S. 60).* Aus: T. S.: Sämtliche Werke in vier Bänden. Band 1. Berlin: Aufbau-Verlag, 1978, S. 112.

Strittmatter, Erwin (1912–1994): *Das torkelnde Pferd (S. 80).* Aus: E. S.: Schulzenhofer Kramkalender. Berlin, Weimar: Aufbau Verlag, 1983, S. 212 f.

Stülpner bestraft einen unmenschlichen Förster (S. 129). Aus: Wöller, Waltraud: Volkssagen zwischen Hiddensee und Wartburg. Berlin: Deutscher Verlag der Wissenschaften, 1985, S. 216.

Treichel, Hans-Ulrich (geb. 1952): *Alles vergeht (S. 66).* Aus: Gelberg, Hans-Joachim (Hg.): Großer Ozean. Gedichte für alle. Weinheim: Beltz & Gelberg, 2000, S. 138.

Tucholsky, Kurt (1890–1935): Der Floh (S. 75). Aus: K. T.: Ausgewählte Werke. Band 6: Auswahl 1930–1932. Berlin: Volk und Welt, 1981, S. 451.

Tuckermann, Anja (geb. 1961), **Steinhöfel, Andreas** (geb. 1962): *David Tage. Mona Nächte* (Auszug) *(S. 36).* Hamburg: Carlsen, 2001, S. 8 f.

Tischsitten in aller Welt (S. 134). Nach: Floto-Stammen, Sonja: Wo Schmatzen und Schlürfen erlaubt ist. 35 Lieblingsrezepte aus aller Welt von Kindern für Kinder. Kempen: Moses Verlag, 2008, S. 14, 16, 38, 56, 64, 68, 74, 76, 82, 90.

Ullrich, Hortense (geb. 1953), **Friedrich, Joachim** (geb. 1953): *PinkMuffin@BerryBlue. Betreff: Irrläufer* (Auszug) *(S. 42).* Stuttgart: Thienemann, 2007, S. 3 ff.

Vahle, Fredrik (geb. 1942): *Loch in der Landschaft oder Trauriger Augenblick durch die Zeitlupe betrachtet (S. 66).* Aus: F. V.: Der Himmel fiel aus allen Wolken. Gedichte. Weinheim, Basel: Beltz, 1994, S. 23.

Valentin, Karl (eigtl. Valentin Ludwig Fey, 1882–1948): *Hausverkauf (S. 92).* Aus: Alles von Karl Valentin. München: R. Piper & Co. Verlag, 1978, S. 233 f.

Weinkauf, Bernd (geb. 1943): *Die Pappel vom Parkplatz (S. 56).* Aus: Schütte, W. U. und B.-L. Lange (Hg.): Der kleine Drache Nr. 4. Leipzig: Verlag Zentralhaus-Publikation, 1988, S. 6.

Wie gut ist dein Selbstwertgefühl? (S. 33). Ein Test von Rolf Merkle. Aus: http://www.palverlag.de/Selbstwertgefuehl_Test.php [31. 05. 2010]

Zündorf, Clara (geb. 1983): *Sie stehen da (S. 32).* Aus: Bongartz, Dieter (Hg.): Ganz anders als du denkst. Eine Generation meldet sich zu Wort. Aarau, Frankfurt/M.: Sauerländer Verlag, 2002, S. 38.

Texte der Autorinnen

Der Erzähler einer Geschichte (S. 20)
Innere und äußere Handlung (S. 21)
Wie wichtig sind dir Freundinnen und Freunde? (S. 26)
Eine E-Mail-Geschichte schreiben (S. 49)
Chatiquette (S. 52)
Der Karlplatz und seine Pappel(n) (S. 55)
Bilder aus Worten (S. 58)
Eine Mindmap erstellen (S. 72)
Kalendergeschichten (S. 76)
Ein Blick hinter die Kulissen (S. 88)
Phasen der Probenarbeit (S. 106)
Gereimte Geschichten mit dramatischer Handlung (S. 110)
Zur Geschichte der Ballade »Der Handschuh« (S. 117)
Mit Balladen umgehen (S. 120)
Fliegen wie ein Vogel in der Luft (S. 131)
Ein internationales Fest feiern (S. 138)
Schule hier und anderswo (S. 140 f.)
Sprichwörter aus aller Welt (S. 150)

Fachübergreifendes

Wie wichtig sind dir Freundinnen und Freunde? (S. 26). Autorentext.
Chatiquette (S. 52). Autorentext.
Der Karlplatz und seine Pappel(n) (S. 55). Autorentext.
Kalendergeschichten (S. 76). Autorentext.
Ein Blick hinter die Kulissen (S. 88). Autorentext.
Zur Geschichte der Ballade »Der Handschuh« (S. 117). Autorentext.
Fliegen wie ein Vogel in der Luft (S. 131). Autorentext.
See you – im nächsten Sommer (Auszug) *(S. 142).* Schulz, Stefanie, Quinlan, Daniel. Reinbek bei Hamburg: Rowohlt, 2006, S. 7 ff.

Lösungen einiger Aufgaben des Lesebuchs

S. 33

Auswertung

0–7 Herzlichen Glückwunsch zu deinem guten Ergebnis. Dein Selbstwertgefühl ist sehr gut, du dürftest ziemlich ausgeglichen sein.

8–22 In manchen Bereichen deines Lebens kannst du dich nicht voll entfalten, da dich dein mangelndes Selbstbewusstsein daran hindert. Du kannst dein Selbstwertgefühl noch verbessern und damit dein Wohlbefinden.

23–44 Dein Selbstwertgefühl ist momentan sehr gering. Lerne, dich selbst mehr anzunehmen und dir mehr ein Freund als ein Feind zu sein. Hierbei könnte dir ein Buch eine wertvolle Hilfe sein.

45–66 Dein Selbstwertgefühl und dein Selbstvertrauen sind ziemlich im Keller. Gib die Hoffnung jedoch nicht auf. Auch wenn dein Leben überwiegend schlecht verläuft und du sehr unglücklich bist, so bist du dennoch kein hoffnungsloser Fall. Du musst jedoch an dir arbeiten und etwas Zeit investieren, wenn du dein Selbstwertgefühl und dein Selbstvertrauen steigern willst.

S. 135

Guten Appetit heißt auf Kroatisch *Dobar tek*, auf Japanisch *Itadaki-masu*, auf Niederländisch *Eetsmakelijk*, auf Russisch *Prijatnovo apetita* und in Kisuaheli *Karibu kula*.

S. 150

Keep your breath to cool your porridge. Wörtliche Übersetzung: Behalte deinen Atem, um deinen Haferbrei zu kühlen. Deutsche Bedeutung: Mische dich nicht in Sachen ein, die dich nichts angehen oder: Kümmere dich um deinen eigenen Brei.

Verwendete Textsorten

Bildquellen

7 Getty Images/Vicky Kasala **8** *Buchcover* (Die wilden Hühner auf Klassenfahrt): Dressler Verlag, Hamburg, 1996 **12** picture-alliance/dpa, Frankfurt a. Main **13** *Buchcover* (Niemand so stark wie wir): © by Rowohlt Verlag GmbH, Reinbek bei Hamburg **22** *Buchcover* (Hechtsommer): Deutscher Taschenbuch Verlag, München, 2006 **34** © 2010 The M. C. Escher Company-Holland. All rights reserved. www.mcescher.com **35** Corel Library (Steinplatte), akg-images, Berlin (Brief) **36** *Buchcover* (David Tage, Mona Nächte): Carlsen Verlag, Hamburg, 2010 **38** *Buchcover* (Dreizehneinhalb): Baumhaus Medien, Witzenhausen, 2009 **42** *Buchcover* (PinkMuffin@BerryBlue, Betreff: IrrLäufer): Thienemann Verlag, Stuttgart, 2007 **50** *Buchcover* (Plötzlich Prinzessin): cbt Verlag in der Verlagsgruppe Random House, München, 2002 **53** Giraudon Paris, ©VG Bild-Kunst, Bonn 2010 **54** bpk, Berlin **62, 63** f1online, Frankfurt a. M. **69** Angelika Wagener, Berlin **71** picture-alliance/akg-images, Frankfurt a. M. **77** Corel Library **85** Aus: Domma, Ottokar: Ottokar, das Früchtchen (Illustrationen: Karl Schrader) © Eulenspiegel Verlag, Berlin, 2001 **87** picture-alliance/ZB, Frankfurt a. M. **88** Thomas Schulz, Teupitz **89** Anke Höing, Eberswalde **93** picture-alliance/dpa, Frankfurt a. M. **95** Loriot: Das Frühstücksei. Aus: Copyright © 2008 Diogenes Verlag AG Zürich **107** Archiv VWV
110 picture-alliance/akg-images, Frankfurt a. M.
112, 117, 122 Archiv VWV **129** akg-images/ Erich Lessing, Frankfurt a. M. **130** akg-images, Frankfurt a. M. **131** akg-images, Frankfurt a. M.
133 © Color Box/StockFood, München
138 picture-alliance/dpa, Frankfurt a. M. **140** picture-alliance/dpa, Frankfurt a. M. (Frankreich)
141 Volkhard Binder, Berlin **149** © Annette Munk, Berlin

de.fotolia.com
©: **35** ZTS (Handy) **56** Marco Haase **57** Emanuel Kluge **68** Bernd Kröger **132** AiA **137** © CIRIC **139** Wolfgang Adamek **140** © EyeUbiquitous (Tansania)